부동산 경매로
인생을 샀다

3천만 원으로 80억 원
자산가가 된 새벽하늘의
부동산 투자 특강

부동산 경매로 인생을 샀다

김태훈(새벽하늘) 지음

RHK
알에이치코리아

추 | 천 | 의 | 글

새벽하늘, 그는 묵직한 투자자다. 시시때때로 변하는 시장 상황에 일희일비하지 않고 언제나 자신이 가야 할 길을 간다. 시장을 예측하는 혜안도 갖췄다. 부동산 경매 실력은 대한민국 최고 수준이다. 이런 능력을 바탕으로 그는 투자금 3,000만 원으로 시작해 80억 원의 자산을 일궜다. 대단한 쾌거다. 모든 투자자의 롤모델이라 할 수 있는 그가 이번 책을 통해 자신이 터득한 노하우를 나눈다니 반가운 일이다. 이 책에는 자본주의 사회를 살아가면서 반드시 알아야 할 돈의 원리부터 오랜 기간 투자를 해오며 실전에서 깨우친 투자의 본질과 노하우, 그리고 부동산 경매를 통해 절대 실패하지 않는, 이기는 투자만 할 수 있는 방법 등이 모두 실려 있다. 부동산 투자로 성공하고 싶은 모든 분들에게 일독을 권한다.

–**청울림(유대열)**, '다꿈스쿨' 대표, 『나는 오늘도 경제적 자유를 꿈꾼다』 저자

지금껏 대부분의 경매 투자자들은 경매를 통해 싸게 사는 방법에만 시야가 묶여 있었다. 정작 부동산 투자에 있어 중요한 입지 분석과 시장 흐름을 간과하는 반쪽짜리 투자가 주를 차지했다. 하지만 새벽하늘은 다르다. 최고의 경매 실력과 함께 부동산 시장의 흐름을 완벽히 꿰뚫고 있는 무서운 투자자다. 이번 책은 이 두 가지를 결합한 최초의 부동산 투자 도서로 한층 폭발력 있는 지침서가 되리라 확신한다.

–**골목대장(이형진)**, '발품' 카페 운영자, 부동산 입지 분석 전문가

부동산 시장은 끊임없이 변한다. 과거에도 그랬고 앞으로도 그럴 것이다. 이 책은 그 변화를 관통할 저자의 투자 방식, 철학, 진심을 담았다. 부동산 시장에서 조용히, 꾸준한 성과를 내고 있는 경매천재가 알려주는 부동산 필독서! 이 책을 통해 당신도 시장의 어떤 흔들림과 역경에도 불구하고 경매를 통해서 평온하게 투자를 이어나갈 수 있다. 경매가 어떻게 부동산 투자에서 강력한 무기로 활용될 수 있는지 그 방법을 정확히 제시해줄 것이다.

–**서울휘(배용환)**, '부동산클라우드' 대표, 『월급 받는 알짜 상가에 투자하라』 외 저자

부동산 투자가 어렵다는 사람들을 보면 대개가 '시기'를 모르는 경우가 많다. 저가에 살 수 있는 기회임에도 언론에 보도되는 뉴스를 보고 공포심만 키워가는 것이다. 이때가 진정 집을 살 기회라고 한들 어지간한 확신으론 발을 담그지 못한다. 그렇다면 경매로 좀 더 싸게 사서 이미 차액을 확보하고 대세의 상승을 기다린다면 큰 확신이 없어도 도전할 수 있지 않을까? 이 책은 다음 호재에 큰 파도를 일으킬 곳을 한 박자 빨리, 한 레벨 싸게 사는 법을 자세히 알려준다.

–**옥탑방보보스(김종율)**, '김종율 아카데미' 원장, 『나는 오를 땅만 산다』 외 저자

부동산을 싸게 사는 가장 좋은 방법이 부동산 경매다. 부동산 경매도 부동산이라는 큰 카테고리 안에서 움직일 수밖에 없다. 부동산의 흐름을 알고 경매를 한다면 수익을 낼 가능성이 더욱 커진다. 대부분의 부동산 경매 책이 경매 방법만 알려주면서 상대적으로 작은 수익을 내는 법을 담고 있다. 이 책은 부동산 시장의 흐름부터 경매로 싸게 매수할 수 있는 방법까지 알려주는 드문 책이다. 두 가지 다 놓치기 싫은 사람에게 추천한다.

–**핑크팬더(이재범)**, 파워블로거, 부동산 투자자, 『자기혁명 독서법』 외 저자

부동산 시장이 혼란스럽다. 정부 규제는 점점 수위를 더해가고 그로 인해 시장의 심리가 위축돼 그야말로 혼돈의 시기이다. 지방의 경우 미분양 현장이 점점 늘어나고 있고 서울이라는 이유로 모든 지역이 오르던 시기도 지났다. 이런 불확실성 가운데 흔들리지 않는 투자를 할 수 있을까? 정답은 이 책에 있다. 이 책은 수요와 공급을 통해 오를 지역을 분석하는 원리를 알려주고 해당 물건을 가장 합리적이고 경제적으로 매입할 수 있는 '경매' 방법을 알려준다. 부를 원하는가? 경제적 자유를 원하는가? 그럼 이 책을 꼭 읽어보길 바란다. 부동산을 바로 보는 새로운 눈을 뜨게 될 것이다.

—**송도부자(남경엽)**, '뉴빌드' 대표이사, 『집값 높여도 잘 팔리는 부동산 인테리어』 저자

경제적 자유라는 목표를 위해 본인만의 원칙을 지키며 꾸준히 투자해온 새벽하늘님을 오랜 기간 지켜봐왔다. 검증된 '진짜' 경매 전문가의 두 번째 책이 드디어 나왔다. 이번 책은 경제적 자유에 도달하는 방법을 쉽게 알려주려 노력한 흔적이 돋보이는 따뜻하고 친절한, 그리고 훌륭한 부동산 투자서이다. 이제 막 부동산 투자를 시작한 분들에게 강력 추천하고 싶다.

—**해안선(황성우)**, 분양권 전문 투자자, '다꿈스쿨' 분양권 전문 강사

여러 가지 부동산 투자 방법 중 경매를 선택하는 이유는 단연코 싸게 사기 위해서다. 아무 물건이나 싸게 사는 것이 아니라 오를 부동산, 좋은 부동산을 고르는 지혜가 필요하다. 새벽하늘님의 강의를 수강하는 이들이 이구동성으로 "강의료가 너무 싸다"라고 말하는 이유는 함께 공부하면서 자신도 경매천재가 될 수 있다는 희망을 보았기 때문이다. 수많은 경매물건을 분석하고 소송까지 직접 진행해본 이 남자가 과연 경매만 잘하는 사람일까. 이제 그는 경매뿐만 아니라 부동산의 흐름과 타이밍까지도 완벽하게 분석하면서 소액으로도 경제적 자유를 살 수 있는 방법을 제시해주고 있다. 같은 부동산 투자자로서 이런 훌륭한 지침서, 이제 그만 나왔으면 좋겠다.

—**앨리스허(허미숙)**, 부동산 지역분석 전문가, '다꿈스쿨' 지역분석 강사

대한민국에서 경매 투자로 부동산을 싸게 구입하는 사람들은 많다. 하지만 저평가된 부동산을 경매로 구입하는 사람들은 많지 않다. 새벽하늘님은 저평가된 부동산을 싸게 구입하는 무서운 사람이다. 그 무서운 비법이 이 책에 모두 담겨 있다.

–**왼손잡이(김관식)**, 직장인 부동산 투자자, '다꿈스쿨' 부동산 강사

새벽하늘님을 처음 만났을 때 들었던 생각은 '같은 내용도 참 쉽게 설명하는구나'였다. 다양한 경매 강의와 많은 부동산 관련 서적을 접하면서 이처럼 쉽고 이해하기 쉽게 설명하는 이를 본 적이 없었다. 거기에 부동산 시장을 거시적으로 볼 수 있는 안목까지 겸비했다. 나는 이 분을 통해 한 단계 성장한 부동산 투자자가 될 수 있었다. 경매뿐만 아니라 부동산 투자를 시작하는 모든 분들께 이 책을 강력 추천한다.

–**풍운(이성민)**, 부동산 전업 투자자, 인테리어 전문가

부동산 관련 업종에 20년간 몸담고 있으면서 다양한 전문가들을 많이 만나보았는데 대부분 본인들의 영웅담이나 자기자랑 일색이었다. 하지만 저자의 경우 경매라는 툴을 이용하되 낙찰이 목적이 되지 말아야 하며 시장의 흐름을 미리 예측하고 시세보다 싼 물건을 매입하는 것도 좋은 투자법이라고 본인의 투자 경험을 진솔하게 이야기해주어 강한 신뢰감이 들었다. 그의 보석 같은 노하우가 담긴 책을 만나게 된다니 많이 설렌다. 부동산 투자를 통해 경제적 자유를 꿈꾸는 모든 이들에게 훌륭한 지침서가 될 것이라 확신한다.

–**금파(임규명)**, 현직 공인중개사, 부동산 투자자

프 | 롤 | 로 | 그

집값이 언제 오르고 내릴지 예측할 수 있을까?

지난 2005년 7월, 수도권 끝자락에 위치한 24평형 아파트를 부동산 경매로 낙찰 받으면서 내 집 마련과 동시에 부동산 투자를 시작했다. 당시 이 아파트의 시세는 6,000만 원 정도였고 낙찰 받은 가격은 시세보다 1,600만 원 정도 저렴한 4,350여만 원이었다. 2년 후인 2007년 9월, 이 아파트를 6,000만 원에 매도하면서 연봉과 비슷한 수준의 수익을 맛보며 '이런 신세계가 있구나'를 몸소 경험했다.

그런데 매도 후 3개월이 지나자 슬금슬금 오르기 시작하던 아파트 가격은 급기야 몇 개월 새 정확히 두 배가 올라 1억 2,000만 원이 되었다. 총 두 배가 오르는 데까지 채 1년이 걸리지 않았다. 한껏 고양됐던 기분이 순식간에 다운되었다. 뭐지? 이 환상적인 타이밍은?

지난 몇 년간 꿈적도 하지 않았던 아파트 가격이 왜 이렇게 갑자기, 하필 내가 팔고 나니까 오르는 걸까?

이때는 왜 이런 현상이 벌어졌는지 도저히 해답을 알 수 없었다. 그래서 부동산 시장 흐름에 대해 관심을 가질 무렵 수도권 시장은 싸늘하게 식어가기 시작했다. 더 이상 시세가 상승한다는 기대감은 온데간데없이 사라졌다. 오히려 집값 폭락론이 대다수 사람들의 탄탄한 지지를 받으며 '하우스푸어'라는 신조어가 양산됐다. 이때가 바로 2008년 하반기였다.

사람들은 더 이상 부동산에 대해 관심을 갖지 않았다. 시장의 흐름을 파악하려 하지도 않았고 집을 사려 하지도 않았다. 그러나 지방에서는 전혀 다른 시장이 펼쳐지고 있었다. 그리고 그 사실을 알고 있는 수도권 거주자들은 많지 않았다.

정신없이 직장생활을 하고 있던 나 또한 그랬다. 나는 수도권에서만 부동산 경매, 그중에서도 소위 특수물건이라 불리는 권리적으로 어려운 유형의 물건을 거래하면서 '살 때부터 싸게 사는' 전략으로 투자를 진행했고 이 내용을 정리한 것이 첫 번째 책 『나는 부동산 경매로 슈퍼직장인이 되었다』이다.

첫 번째 책이 나올 무렵보다 전인 2013년 후반부터 수도권의 부동산 시장에 천천히 봄이 오기 시작했고 2015년이 되면서 본격적으로 재생의 싹을 틔우기 시작했다.

부동산 경매와 함께 부동산 시장 흐름에 대한 공부도 끊임없이 병행해왔지만 인구수와 입주물량 등의 단순 데이터만으로는 풀리지 않는 의문들이 존재했다. 과거의 일정 패턴이 과연 미래에도 반복될 것인가에 대한 궁금증이 커져만 갔는데 드디어 거대한 하나의 사이클이 다시 돌아온 것이다.

이때부터 과거의 부동산 정책, 금리, 통화량, 입주물량 등의 요인과 부동산의 가격 움직임을 체크하고 현재의 상황과 가격의 움직임을 비교해보기 시작했다. 그랬더니 매우 재미있는 현상들이 발견되었다. 바로 과거와 현재의 비슷한 상황에서는 비슷한 패턴대로 가격이 움직인다는 사실이었다.

이제야 비로소 2007년에 일어났던 현상이 이해되기 시작했다. 왜 생전 오르지 않았던 외지에 위치한 아파트 가격이 갑자기 큰 폭으로 상승했는지, 게다가 왜 내가 팔고 나니 급등했었는지를 말이다. 이유를 알고 나니 이는 지극히 당연한 결과였다,

어떤 투자도 마찬가지겠지만 부동산 투자 또한 살 때부터 싸게 사는 것이 매우 중요하다. 하지만 그다음부터 가격이 어떻게 움직일 것인지에 대한 흐름을 파악하는 일은 그 이상으로 중요하다.

이 책은 단지 싸게 살 수 있는 부동산 경매에만 초점을 맞추지 않고, 시장의 흐름을 먼저 읽고 그 흐름을 부동산 경매와 접목해 최고의 결과를 만들어낼 수 있는 방법에 대해 설명하고자 한다. 부동산 시장의 흐름을 파악하여 지금이 쌀 때인지, 비쌀 때인지를 체크하고 부동산 경매를 통해 시세보다 더 싸게 매입하는 방식이다. 즉, '쌀 때 더 싸게 사는' 절대 실패할 수 없는 투자방법에 대해 설명하려 한다. 그리

고 투자에 앞서 효율적인 내 집 마련을 위한 수단으로도 활용이 가능하도록 구성했다.

싸게 사서 비싸게 파는 법

대한민국에서 자기 집을 가지고 있는 가구의 비율은 얼마나 될까?

국토교통부에서 2년마다 발표하는 주거 실태 조사에 따르면, 가장 최근 자료는 2019년 5월 16일에 발표된 2018년 통계자료로 자가를 보유한 가구의 비율은 61.6%였다. 반대로 얘기하자면 대한민국에서 자기 집이 없는 가구는 40%에 육박한다.

그렇다면 내 집이 꼭 있어야만 할까? 이 질문에 대한 대답은 각자의 가치관에 따라 달라질 수 있다. 하지만 집을 사는 쪽이 사지 않는 것보다 경제적으로 더 많은 이득을 가져다준다면, 그래도 집을 사지 않을 수 있을까?

본문에서도 다루겠지만 내 집을 산다는 것은 심리적인 안정과 함께 중장기적으로 봤을 때 경제적인 측면에 있어서도 훨씬 많은 이득을 가져다준다. 즉, 내 집 마련을 한다는 것 자체가 일종의 재테크다. 그리고 재미있는 사실은 집의 경우 새것 또는 중고를 사서 한참을 사용하고 더 낡은 중고가 되어도 오히려 가격이 오른다는 것이다.

게다가 집이 한 채라면 시세차익으로 벌어들인 소득에 대해서도 양도소득세가 부과되지 않는다. 이는 실거래가 9억 원 이하일 경우 해당된다. 따라서 적정한 시기와 지역에 집을 사서 거주하다 집값이 충분히 상승한 후 팔고 다른 집으로 옮겨가는 일을 반복하는 것만으로도 매우 훌륭한 재테크 수단이 될 수 있다.

중요한 건 언제 사고 언제 파느냐에 따라 이득을 얻을 수도, 손해를 볼 수도 있다는 점이다. 일반적인 사람들은 이러한 타이밍을 파악하기 어렵다. 부동산 시장은 정부의 정책, 그리고 매스컴에서 이야기하는 방향대로 흘러가지 않기 때문이다.

부동산이 언제부터 상승하고 하락할지에 대한 정확한 타이밍을 예측하는 것은 불가능하다. 하지만 현재의 위치가 대략 어디쯤 와 있는지를 가늠할 수 있는 방법은 있다. 따라서 이번 책에서는 주택을 매입하는 대략적인 타이밍에 대해서도 이야기하고자 한다. 그리고 이 타이밍에 부동산 경매로 싸게 산다면 매우 훌륭한 내 집 마련의 수단이 될 것이다.

당신이 이 책을 집어들고 여기까지 읽고 있다면 앞으로 펼쳐질 내용들이 내 집 마련을 하는 데 있어, 그리고 부동산 투자를 통해 경제적 자유를 얻고 새로운 삶을 누릴 수 있도록 나침반 역할을 하는 지침이 되길 바란다.

차례

PART 2
언제, 어디를 살까요?

PART 3
무조건 더 싸게 사야 이긴다

차례

PART 1

당신은 왜 부동산 투자를 해야 하는가?

STEP 1

경제적 자유를 얻고 싶다면 돈의 원리부터 파악하라

부자들만 알고 있는 신기한 계산법

지금으로부터 10년도 훨씬 지난 2005년 여름, 나의 부동산 투자 스토리가 시작됐다.

당시 우리 부부가 전세로 살고 있던 아파트가 경매로 넘어갔고 그때부터 나는 부동산과 경매를 미친 듯이 공부했다. 투자가 아닌, 생존을 위해서였다. 전세 보증금을 날리는 손해를 최소화하기 위해 그 아파트를 시세보다 1,600만 원 정도 싸게 낙찰 받았다. 낙찰을 받고 나니 신기한 기분이 들었다. 우리 부부가 벌써 내 집 마련을 한 것이다.

그것도 원래 시세보다 1,600만 원이나 싸게 말이다. 큰 변화는 항상 위기에서 비롯된다고나 할까. 하지만 아내는 우울한 추억이 서려 있는 곳을 떠나고 싶어 했기에 이 아파트를 월세로 임대하고 다른 아파트로 이사하기로 결정했다. 이 과정에서 또 다시 신기한 경험을 했다.

이사 가려는 아파트의 전세금을 마련하기 위해 이 아파트를 바로 팔까도 생각했지만 양도소득세 금액이 제법 컸다. 그래서 이 아파트를 담보로 2,500만 원을 대출 받고 보증금 1,000만 원에 월세 35만 원으로 세를 놓아 전세금 3,500만 원을 마련할 수 있게 되었다. 그런데 놀라운 사실은 월세 35만 원을 받아 대출금 2,500만 원에 대한 이자 10만 원 정도를 내고 나니 매월 25만 원이란 돈이 계속 남는 것이었다.

월세	35만 원
이자	⊖ 10만 원
순수익	**= 25만 원**

아무 일도 하지 않아도 25만 원이 매월 통장으로 들어오는 현상이 당시의 내겐 너무나도 충격적이었다. '아니, 이런 방법이 있었어?' 엄청난 비밀을 알아낸 것 같은 설렘을 안고 다시 한 번 현금 흐름을 체크해보았다.

낙찰	4,350만 원
등기비	⊕ 200만 원(당시 취득세, 등록세 3.8%)
취득가	= 4,550만 원
대출	⊖ 2,500만 원
보증금	⊖ 1,000만 원
실제 투자금	**= 1,050만 원**

1,000만 원 남짓한 돈을 투자해 매월 25만 원의 수익이 들어오는 셈이었는데 수익률로 따져보니 무려 30%였다. 그렇다면 매월 83만 원씩 저축한다면 1년 동안 이자까지 포함해 약 1,000만 원을 모을 수 있고, 이 돈으로 매년 아파트를 한 채씩 사서 모아 나간다면 어떨까? 매년 월세도 늘어날 테고 10년이 지나면 매월 250만 원의 월세가 들어오지 않을까?

살 때부터 시세보다 1,600만 원 정도 싸게 산다면 나중에 팔 때 부동산 가격이 오르지 않는다 해도 한 채당 취득비용과 양도세 등을 제외하고 1,300만 원 정도의 수익이 발생한다. 단순히 계산해 열 채를 다 팔았을 경우 1억 3,000만 원의 수익을 추가로 얻을 수 있다. 만약 한 채당 1,000만 원씩만 가격이 상승한다면? 추가로 1억 원의 수익이 더 생기는 것이다! 실제로 이 아파트의 시세는 이후 5,000만 원 남짓 올랐다. 시장 상황이 좋을 때의 최고치가 아닌, 상승 후 조정을 거쳐 수년간 유지되고 있는 가격을 기준으로 말이다. 사실 폭등 직후에 매입한 부동산이 아닌 이상 10년 동안 시세가 오르지 않을 가능성은 매우 희박하다. 그 이유는 앞으로 충분히 설명해나갈 것이다.

여기까지 생각이 미치니 가슴이 터질 것만 같았다. 불과 몇 개월 사이 집을 사고, 월세까지 받고 있는 집주인이 되었다는 사실이 너무나도 신기했다. 한편으론 이런 생각이 들었다. 왜 학교에서는, 나의 부모님은, 내 주변의 수많은 사람들은 이렇게 좋은 수익구조가 있다는 것을 알려주지 않았을까? 그 이유는 몇 년이 지난 후에야 비로소 알 수 있었다. 자본주의 사회에서 살고 있는 우리에게 자본주의의 메커니즘을 교육하는 시스템은 애초에 없었다. 부모님을 비롯해 나의 주변에 있는 사람들 또한 이런 시스템의 존재를 모르고 있었던 것이다.

자신의 현재 자금 수준을 파악하기 위한 간단하고 정확한 방법이 있다. 지금 가장 가깝게, 그리고 자주 만나며 지내는 이들 다섯 명의 자산 평균이 곧 자신의 수준이다. 부자가 되려면 부자들과 가까워져야 한다는 말은 진리였다.

현재 자신을 둘러싼 굴레를 벗어나기 위해서는 강력한 동기가 필요한데 이 동기는 아이러니하게도 위기에서 비롯된다. 위기가 없다면 10년 후, 20년 후에도 그럭저럭 지금과 비슷한 삶을 살아갈 가능성이 크다. 돌파구를 찾고 싶다면 책이나 강연을 통해 강력한 동기를 부여받아야 한다. 당신이 흙수저를 물고 태어났다면 바로 이것이 부자가 되기 위한 첫걸음이다.

보유자산이 없다면 근로소득으로 어떻게든 1년에 1,000만 원 이상을 저축하라. 그리고 일시적으로 투입되는 현금을 융통하기 위한 마이너스 통장을 만들어라. 그럼 누구나 부동산 투자를 할 수 있다. 먼 옛날에나 가능했지 지금은 불가능하지 않느냐고? 현재도 가능하다는 사실을 앞으로 소개할 실제 사례를 통해 알 수 있을 것이다.

집을 안 사는 걸까 못 사는 걸까?

만약 아직까지 부동산 투자에 거부감이 든다면 보다 넓은 시야로 바라볼 필요가 있다. 내 집 마련 또한 부동산 투자의 한 부분이며 안정적인 주거생활을 위해 반드시 필요한 요소이기 때문이다. 다음 에피소드를 통해 부동산 투자의 중요성을 살펴보자.

"세상에, 몇 개월 새 집값이 5,000만 원이나 올랐어!"

퇴근 후 아내의 한마디가 귓가에 꽂힌다. 전세 만기가 아직 1년 이상 남았으니 당장 문제될 건 없다. 오늘은 회사에서 진을 다 뺀 터라 몸도 마음도 피곤하다. 내일도 중요한 미팅이 있어 대략 준비를 끝내놓고 일찍 잠자리에 든다.

다음날 아침 일찍 피곤한 몸을 일으킨다. 꽉 막히고 움직일 틈 없는 대중교통에 마치 짐짝처럼 몸을 싣고 출근한다. 직장상사, 직장후배, 고객에게 이리저리 치인 지친 몸을 또 다시 대중교통에 실어 집으로 돌아온다. 퇴근 시간이 몇 시였던가? 급히 해야 할 일이 있는 것 같지는 않은데 제시간에 퇴근한 적은 별로 없다. 회식이라도 있는 날이면 다음날은 더 힘들어진다.

이렇게 한 달 동안, 1년 동안 열심히 일해서 번 돈보다 요 몇 개월 간 오른 집값이 더 많다고? 문득 이런 생각이 들면 화가 난다. 나름 열심히 살고 있는데, 집 한 채 가지고 있는 사람은 가만히 앉아서도 큰돈을 벌고 있다는 생각이 든다. 이번 기회에 나도 집을 살까 하는 마음이 살짝 들었지만 이미 5,000만 원이나 올라버렸기 때문에 그 가격에는 선뜻 사고 싶지가 않다. 뻔히 오르기 전 가격을 알고 있을 뿐만 아니라 예전 가격에도 사지 않았었기 때문이다. 게다가 그때 살 수 있었던 가격은 당시 전세값과 고작 3,000만 원밖에 차이가 나지 않았다.

그리고 1년이 지나 전세 만기가 다가온다. 그 사이 집값은 5,000만 원이 더 올랐고 전세 가격도 5,000만 원 올랐다. 이럴 바에는 집을 사는 게 낫지 않을까 고민하고 있는 사이 집값은 또 5,000만 원이 올라버렸다. 이쯤 되니 불안해진다. 이러다 평생 집을 못 사는 거 아닐까? 지금이라도 집을 사야 할까? 다시 고민하지만 2년 전보다 이미 1억 5,000만 원이나 오른 가격에는 사고 싶지 않다. 사실 사지 않는 게 아니라 가격이 크게 오른데다 8·2 대책 이후 대출한도도 줄어 이제는 사고 싶어도 살 수가 없다. 갑자기 좌절감이 밀려온다. 친구들과 또 다시 술 한잔을 기울이며 대한민국 정책에 대해 논해본다. 세상은 참으로 공평치 않다. 그리고 다음날도 어김없이 지옥 같은 대중교통에 몸을 싣고 출근을 한다.

이 이야기는 그럴듯하게 지어낸 것이 아니다. 다음은 최근 몇 년간 서울의 일반적인 20평형대 아파트의 실제 가격 변화를 나타낸 그래프이다.

혹시 이 이야기가 자신의 스토리처럼 깊이 공감되는가? 그렇다면 당신은 열심히 살아가고 있는 대한민국의 매우 평범한 직장인 또는 이와 같은 남편을 둔 주부이거나 이보다 더 열심히 살아가고 있는 워킹맘일 것이다. 그런데 무엇을 잘못해서 이와 같은 일을 겪고 있는 것일까? 이유는 간단하다. 자본주의 사회에서 살고 있지만 자본주의 시스템에 대해 모르고 있기 때문이다. 대다수의 이들이 유치원 때부터 대학교 졸업까지 17년간 열심히 공부했지만 학교에서는 자본주의에 대해서 가르쳐주지 않았다. 미분, 적분보다 훨씬 중요한데 말이다.

● 신동아(전용 59㎡) 매매가 · 전세가 추이 ●

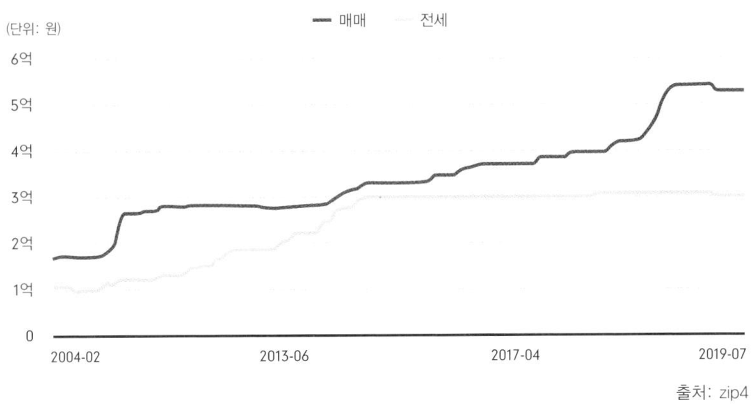

출처: zip4

집값이 오를 수밖에 없는 이유

왜 갑자기 집값이 오른 것일까? 앞으로도 계속 집값은 오를까? 이 문제에 대한 해답은 바로 자본주의 시스템에 있다. '자본주의'라고 하면 어렵고 거창하게 들릴 수 있지만, 몇십 년간 장수하고 있는 국민 간식 새우깡의 가격 변화만으로도 자본주의 시스템을 쉽게 이해할 수 있다.

새우깡은 1971년 50원으로 출시되었다. 현재는 1,300원으로 무려 26배나 가격이 상승했다. 왜 이렇게 올랐을까? 이유는 간단하다. 새우깡의 가치는 그대로인데 물가가 올랐기 때문이다. 경제가 성장하고 임금이 오르는 등 통화량이 예전보다 늘어나면서 상대적으로 돈의 가

● 새우깡 가격 추이 ●

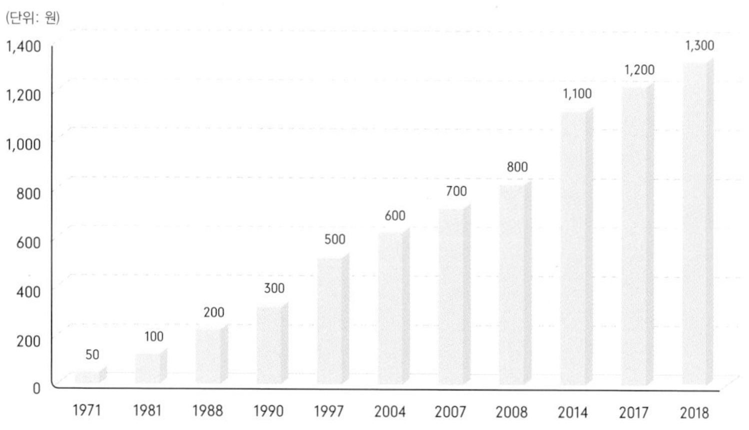

치가 떨어진 것이다.

이런 현상을 인플레이션이라 한다. 인플레이션은 경제가 정상적으로 성장하고 있는 대부분의 국가에서 자연스럽게 나타나는 현상이며, 적당한 수치의 인플레이션을 유지하는 것이 정부의 목표이자 역할이다. 기준금리를 올리고 내리는 이유도 결국 적당한 인플레이션을 유지하기 위해서다. 다음은 한국에서 유통되고 있는 통화량의 추이를 나타낸 그래프다.

이처럼 통화량은 계속 늘어나고 있으며 앞으로도 그러할 것이다. 통화량이 늘어나면 상대적으로 돈의 가치는 떨어진다. 이는 인플레이

● 대한민국 주요 통화금융지표 추이 ●

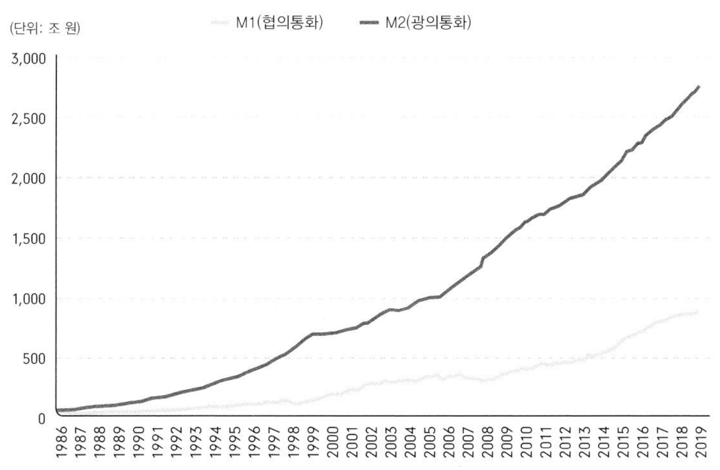

출처: 통계청 데이터를 토대로 작성

● 대한민국 소비자물가지수 추이 ●

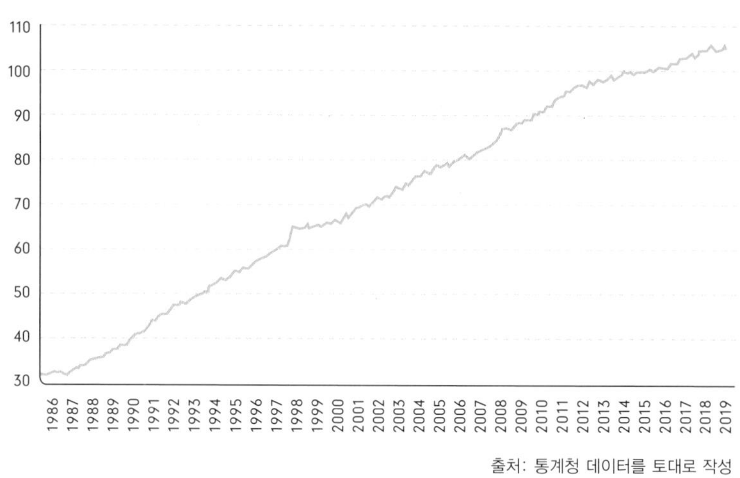

출처: 통계청 데이터를 토대로 작성

션의 가장 근본적인 메커니즘으로, 계속해서 물가가 오를 수밖에 없는 이유가 된다.

예금 vs 금 vs 부동산

여기까지 읽었다면, 자산을 화폐가 아닌 금이나 부동산 등 실물자산으로 보유해야 한다는 결론이 나올 것이다. 과연 그게 옳은 방법인지 실제 사례를 들어 비교해보자. 결과를 보면 깜짝 놀랄 것이다.

● 금 가격 추이 ●

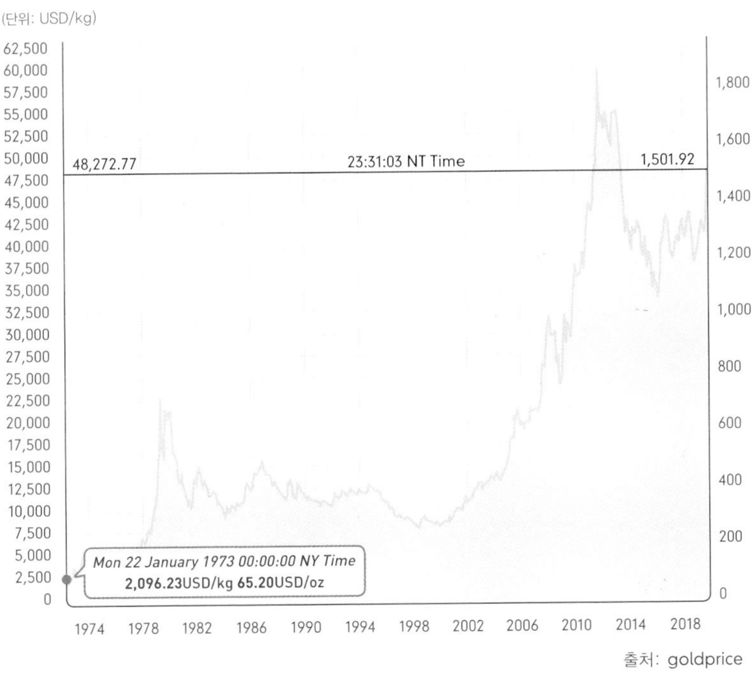

출처: goldprice

1973년, 430만 원이란 돈이 있다고 가정해보자. 1973년 1월 금값은 1㎏당 2,096달러(USD)였다. 당시 원 달러 환율(1USD=398원)을 고려하면 1㎏의 가격은 약 83만 4,000원으로 430만 원이면 5.1㎏ 남짓의 금을 살 수 있었다. 2019년 8월 28일 기준 금 1㎏은 약 6,000만 원 정도로 금을 사두었다면 현재 자산 가치는 약 3억 600만 원 정도가 된다. 금의 가격은 46년 동안 71배 이상 올랐다. 금이 업그레이드 되

출처: 네이버 이자계산기

출처: 직방

어 비싸진 것이 아니라 그만큼 돈의 가치가 떨어졌기 때문이다.

만약 1973년 430만 원을 금고에 넣어두었다면 지금도 마찬가지로 그 자산의 가치는 430만 원이고, 금 5.1㎏을 사두었다면 3억 600만 원이 되었을 것이다. 만약 은행에 예금을 했다면 어떨까? 1970년대의 예금 금리는 연 10% 후반대까지 올라간 적도 있었지만 현재는 1% 남짓으로 평균을 구하면 8% 정도다.

430만 원을 평균치인 연 8%의 복리로 계산했을 경우 현재의 가치는 약 7,587만 원이다.

그렇다면 부동산의 경우는 어떨까? 1973년 입주한 서울 서초구 반포동 주공 1단지 전용 72㎡의 분양가는 약 430만 원이었다. 그리고 현재의 시세는 20억 원이 넘는다. 2억 원이 아닌, 20억 원이 넘었단 말이다! 즉, 1973년에 430만 원으로 반포 주공 1단지를 샀다면 현재의 자산 가치는 20억 원이 넘는 것이다.

지금까지의 내용을 정리해보자. 1973년 430만 원을 어떤 형태로 보유했느냐에 따른 현재의 자산 가치는 다음과 같다.

금고에 넣어두었을 경우	430만 원
은행에 예금했을 경우	7,587만 원
금을 사서 보관했을 경우	3억 600만 원
반포 주공 1단지를 샀을 경우	**20억 2,000만 원**

이 엄청난 차이가 바로 자본주의라는 시스템에서 비롯되었다. 자본주의는 시간이 지날수록 자산의 가치는 더 벌어질 수밖에 없는 구조를 갖고 있다. 금고란 이처럼 위험한 물건이었으며 강남 아파트는 이렇게나 '대박'인 물건이었다. 게다가 강남 아파트를 샀다면 지난 46년간 강남 지역의 온갖 인프라를 누리고 살 수도 있었을 것이다.

당신이 전세에 묶여 있는 동안

전세란 유일하게 대한민국에만 존재하는 주거 임대 형태이다. 이런 특이한 임대 형태가 존재하는 이유는 수요와 공급 모두가 존재하기 때문이다. 특히 임차인 입장에서는 부동산에 대한 세금 부담이 전혀 없고 집값 하락에 대한 리스크도 감당할 필요 없이 집을 사용하고 비워주기만 하면 원금을 그대로 돌려받을 수 있다는 장점 때문에 시장엔 항상 전세 수요가 넘쳐난다.

반대로 임대인 입장에서 이런 모든 짐들을 짊어지면서까지 집을 사서 전세를 주는 이유는 뭘까? 간단하다. 바로 집값 상승에 대한 기대가 있기 때문이다.

즉, 임대인과 임차인의 지위를 결정하는 것은 돈이 있고 없고의 차이라기보다 이와 같은 생각의 차이에서 비롯되는 경우가 많다. 전세자금 대출 조건이 너무 좋은 것도 한몫 한다. 하지만 여기에 숨겨진 중요한 사실은 전세란 자산을 화폐로 보유하는 형태라는 것이다.

이러한 보유 형태가 과연 집을 사는 경우와 얼마나 차이가 나는지 다음 사례를 통해 살펴보도록 하자.

서울 강동구에 위치한 전용 57㎡ 아파트이다. 서울 25개 구 중 3.3㎡당 평균가격이 중간 수준인 구를 골라 그중 재개발, 재건축 등의 특별한 이슈가 없는 구축 아파트를 임의로 선정했다.

이 아파트의 2004년 1월 기준 매매시세는 2억 2,000만 원이었고 전세시세는 1억 3,000만 원이었다. 14년이 지난 2018년의 매매시세

● 길동 우성(전용 57㎡) 매매가·전세가 추이 ●

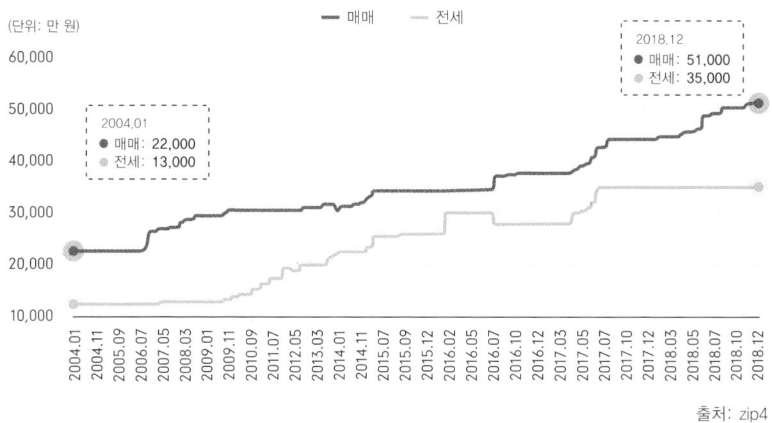

출처: zip4

는 5억 1,000만 원, 전세시세는 3억 5,000만 원이다. 그럼 2004년으로 돌아가 이때 매입했을 경우와 전세로 들어갔을 경우를 시뮬레이션 해보자.

먼저 1억 3,000만 원을 주고 전세로 들어갔다면 지난 14년 동안 추가적으로 상승한 전세가격은 2억 2,000만 원(3억 5,000만 원 − 1억 3,000만 원 = 2억 2,000만 원)이니 연평균 1,570만 원 정도 전세가격이 상승했다.

즉, 이 집에서 계속 전세로 살기 위해서는 매년 1,570만 원을 모아 집주인에게 줘야 한다. 저축이 아닌, 전세로 살기 위해 열심히 돈을 모아 전세금을 올려준 것이고 14년 동안 모은 순자산은 전세금 3억

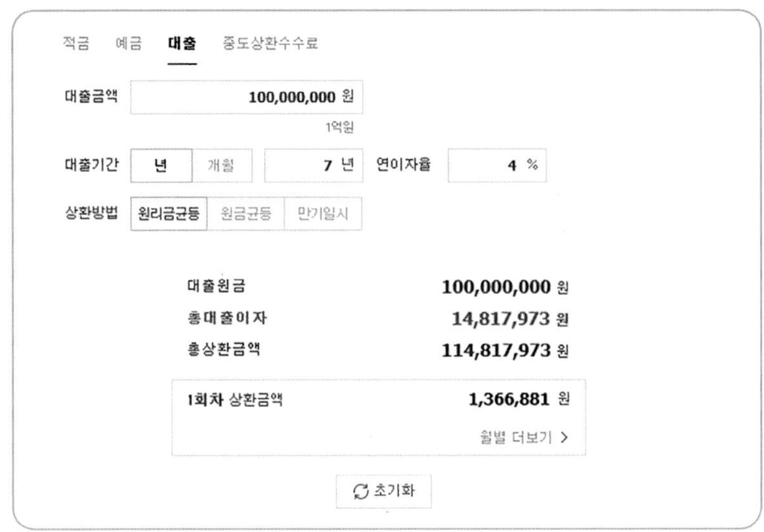

출처: 네이버 이자계산기

5,000만 원이 전부가 된다. 돈을 모으는 족족 집주인이란 금고에 꼬박꼬박 넣어두는 격이다.

2004년 1월에 집을 샀다고 가정해보자. 당시 이 아파트를 살 수 있는 가격은 2억 2,000만 원이었으니 전세금 1억 3,000만 원만 있는 상태라면 9,000만 원의 대출을 받아야 한다. 추가로 취득세와 함께 소유권 이전등기를 하는 비용도 들어간다. 이와 같은 비용을 1,000만 원 정도라 치면 총 1억 원의 대출을 받아야 한다.

전세로 살 경우 전세금 상승을 위해 매년 1,570만 원(월 130만 원 남짓) 정도의 돈을 모아야 했으니 이 돈으로 대출금을 상환한다. 금리

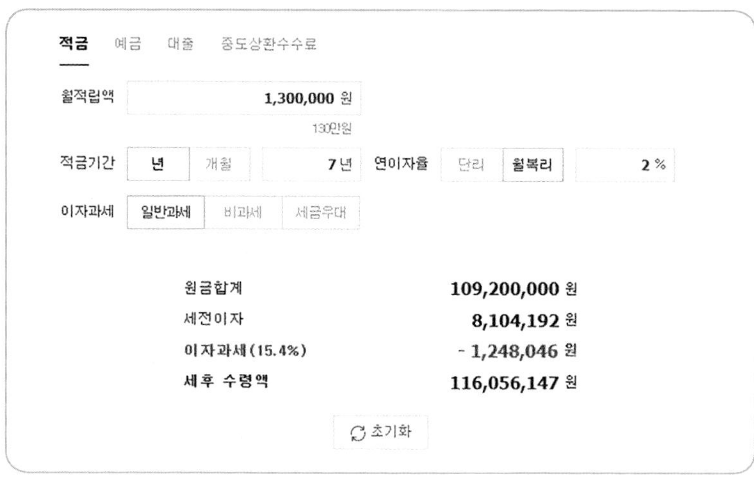

출처: 네이버 이자계산기

가 4%라 가정해도 7년이면 대출금 전부를 상환할 수 있다.

7년 이후부터 나머지 7년 동안 이 돈을 적금한다고 가정해보자. 평균금리를 2%라 가정하면 약 1억 1,600만 원 정도가 된다.

매년 내야 하는 재산세의 경우, 14년간 평균 공시가격이 2억 원 정도이므로 매년 약 35만 원을 납부해야 하며 14년간 총 납부한 재산세는 490만 원이 된다.

지금까지의 내용을 정리해보자. 2004년 1월 이 집을 샀을 경우 현 시점의 순자산은 다음과 같다.

아파트 순자산	5억 1,000만 원
적금한 현금자산	⊕ 1억 1,600만 원
재산세	⊖ 490만 원
	= 6억 2,110만 원

2004년 1월 집을 샀다면 현재의 자산은 6억 2,110만 원이고, 전세로 살았다면 현재의 자산은 3억 5,000만 원이 된다.

자가		전세
6억 2,110만 원	vs	3억 5,000만 원

결론적으로 집을 사는 쪽이 전세로 들어가는 것보다 경제적으로 2억 7,000만 원 이상 이득이었다. 현실적으로 따져보면, 같은 집에서 14년 동안 전세로 사는 일은 일어날 가능성이 낮기 때문에 중간에 몇 번의 이사를 해야 했을 것이다.

2017년에는 전세가격이 갑자기 7,000만 원이나 급등하였기 때문에 충분한 여유자금이 없었다면 어쩔 수 없이 주거환경이 더 좋지 않은 곳으로 밀려나야만 했을 것이다. 실제로 많은 사람들이 열심히 돈을 벌고 돈을 모으지만 오르는 전세금을 감당할 수 없어 점점 외곽으로 밀려나고 있다.

집을 사는 것과 전세로 사는 것은 보유기간을 길게 잡을수록 자산 가치의 차이가 더 커진다. 앞서 설명했듯 전세란 자산을 화폐로 보유하는 형태로 마치 현금을 금고에 장기간 넣어두는 것과 같기 때문이다. 여기까지의 개념을 이해했다면 이제 자본주의의 체계를 어느 정도 파악한 것이다.

이 원고를 집필하는 동안에도 나는 몇 건의 전세 계약을 갱신했다. 그중 서울에 있는 26평형 아파트의 경우 4년 전 부동산 경매를 통해 1억 8,000만 원에 매입했다. 낙찰 받은 후 잔금을 내고 점유자를 명도하는 데 소요된 기간은 3개월 정도였는데 점유자가 유치권을 주장했던 사건으로 인도명령 인용 후 강제집행 직전에 점유자가 자진 명도한 사건이다. 이런 이유로 일반적인 사건보다 2개월 정도 더 소요되었다. 그 짧은 기간 동안에도 전세시세가 상승하면서 2억 500만 원에 전세를 놓을 수 있었다.

2년 후, 임차인은 재계약을 원했고 이때의 전세시세는 2억 7,000만 원 정도였다. 2년 사이 임차인은 6,500만 원이라는 돈을 임대인에게 더 맡겨 놓아야 이 집에서 계속 살 수 있게 되었다.

당시 나는 임차인에게 아파트 매입을 제안했다. 시장의 흐름상 가격이 더 오를 가능성도 있었지만 이미 충분한 차익이 실현되었기에 매도하는 것도 나쁘지 않은 선택이었다. 그때의 매매시세는 3억 원 정도였고 내가 제안한 가격은 2억 9,000만 원이었다. 2억 7,000만 원인 전세시세에 2,000만 원만 보태서 매입한다면 향후 전세금이 오르는 것을 더 이상 신경 쓸 필요가 없고 추가적인 가격 상승 가능성도 충분히 있는 상황이었다. 하지만 임차인은 또 다시 전세를 선택했고 나는 시세보다 1,000만 원 저렴한 2억 6,000만 원으로 계약을 체결했다.

그리고 2년의 시간이 지났다. 과연 지금 이 아파트의 가격은 어떻게 변해 있을까? 얼마 전 임차인과 재계약한 전세금액은 2억 9,000만 원이었다. 물론 매매시세도 상승해서 4억 원 정도가 되었다. 임차인은 항상 시세보다 1,000만 원 정도 싸게 전세 계약을 한 것에 대해 기뻐하고 있다. 하지만 이것이 과연 기뻐할 일인지는 곰곰이 생각해봐야 할 것이다.

이처럼 자본주의 체계에서 실물자산의 가격은 우상향할 수밖에 없고 부동산 또한 마찬가지다. 하지만 부동산은 직선의 형태가 아닌, 상승과 하락을 반복하면서 우상향하기 때문에 성공적인 투자를 위해서는 그 흐름을 파악해야 한다.

부동산 버블이 걱정인가

이쯤에서 혹자는 일본의 부동산 시장을 언급하고 싶을 것이다. 일본은 1990년 버블붕괴 이후 부동산 시세 또한 폭락했고 지속적인 장기 하락세가 이어지고 있다. 일본의 사례를 보며 대한민국 또한 그렇게 될 가능성이 높다는 전문가들의 전망이 심심찮게 등장한다. 이런 전망을 둘러싼 다양한 의견들이 있지만 이 또한 자본주의라는 틀 안

● 일본의 인플레이션율 추이 ●

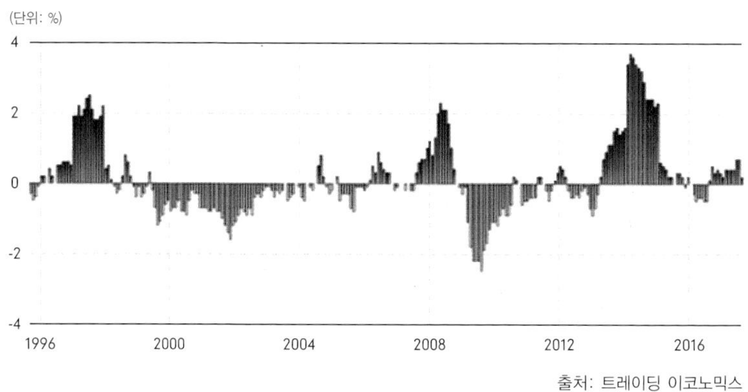

출처: 트레이딩 이코노믹스

에서 간단하게 설명할 수 있다. 자본주의 체제에서는 인플레이션뿐만 아니라 디플레이션도 존재하기 때문이다.

디플레이션이란 그간의 과도했던 인플레이션의 거품이 꺼지며 반대로 물가가 내려가는 현상이다. 물가가 내려가니 당연히 부동산 가격도 내려간다.

일본의 경제는 1990년도 후반부터 디플레이션 국면으로 접어들었고 현재까지도 냉탕과 온탕을 왔다 갔다 하는 상황이다. 위 그래프에서 아래로 내려간 형태의 막대 부분이 디플레이션을 의미한다. 2014년, 2015년에는 일본도 비교적 큰 폭의 인플레이션이 발생했는데 이 시기에는 부동산 가격 또한 상승했다.

다음은 한국의 인플레이션율 그래프다. 이를 보면 알 수 있듯이 한국

● 한국의 인플레이션율 추이 ●

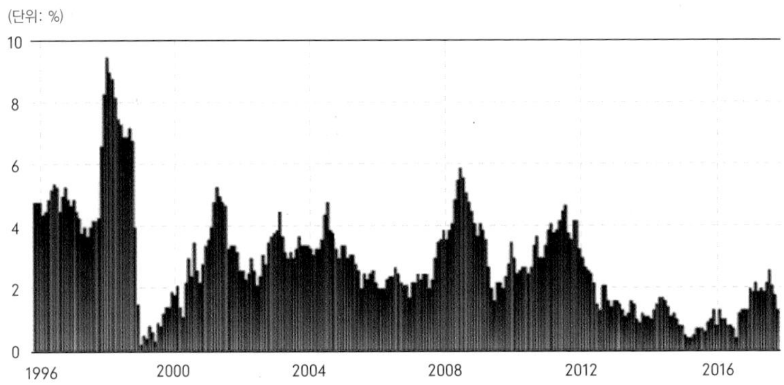

출처: 트레이딩 이코노믹스

은 전형적인 인플레이션 국가이다.

게다가 한국과 일본은 주택 가격이 움직이는 데 가장 큰 영향을 미치는 주택 공급에 있어서도 확연한 온도 차이가 난다. 일본의 주택보급률은 1968년 101%를 달성했으며 1985년 110%, 2008년에는 115%에 육박했다.

하지만 한국의 주택보급률은 1990년 약 50%밖에 되지 않았으며, 2008년에야 100.7%를 달성했다. 가장 최근 집계된 2017년에도 103.3% 수준이다. 더욱 중요한 사실은 서울과 경기도의 주택보급률이다. 2017년 기준 서울은 96.3%로 주택이 부족한 상태이며 경기도 또한 99.5%로 나타나 한국 인구의 절반이 살고 있는 수도권에 아직도 집이 부족하다는 사실을 보여준다.

● 한국의 주택보급률 추이 ●

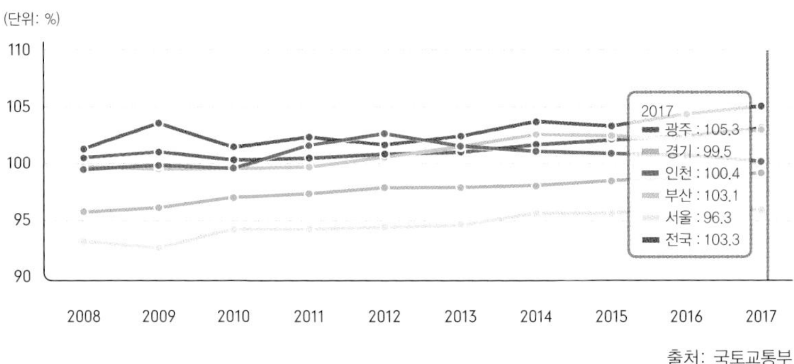

이밖에도 물가 대비 부동산 가격상승률 등 여러 가지 차이점이 있지만 인플레이션과 주택보급률만으로도 일본과 한국의 주택 가격에 대한 전망은 직접적으로 비교할 대상이 아니라고 설명하기 충분하다. 이같은 집값 폭락론을 맹신하면 자신의 자산 가치도 폭락하게 된다는 사실을 기억해야 한다.

STEP 2

시장이 흔들려도 흔들리지 않는 단 하나의 원칙

물가와 부동산 가격을 함께 봐라

지금까지 자본주의 체제하에서 인플레이션으로 인해 물가가 계속 상승하면서 부동산 가격 또한 상승할 수밖에 없다는 사실을 배웠다. 하지만 부동산은, 특히 아파트의 경우 장기적으로 보면 우상향하지만 그 과정을 들여다보면 일정한 비율로 꾸준히 상승하지도 않을 뿐더러 오히려 하락할 때도 있다. 다음 그래프처럼 말이다.

● 전국 아파트 매매가격지수 추이 ●

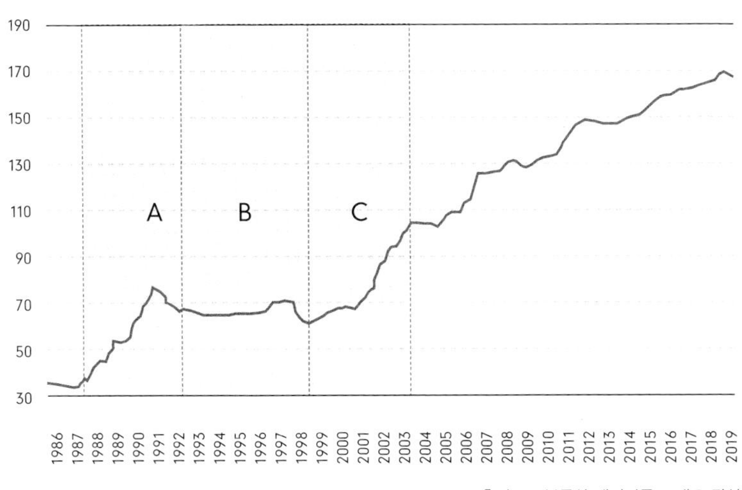

출처: KB부동산 데이터를 토대로 작성

아파트 가격은 위 그래프의 A 구간처럼 하락할 때도 있고, B 구간처럼 한동안 보합을 유지할 때도 있으며, C 구간처럼 급등할 때도 있다. 즉, 현재 가격의 위치는 항상 출렁이는 파도의 한 부분인 셈이다.

왜 집값은 물가가 상승하는 것처럼 천천히, 꾸준히 오르지 않고 별다른 움직임이 없다가 갑자기 큰 폭으로 오르는 걸까?

보통 사람들에게 있어 집은 거의 전 재산에 해당한다. 그러니 집을 사고파는 행위는 신중에 신중을 기해 판단한 결과를 실행에 옮기는 과정이라 할 수 있다. 이러한 이유로 그 심리가 움직이는 데는 시간이 걸리며 상승이나 하락이 시작되기 위해서는 강력한 에너지가 필요하다. 이 에너지를 모으는 데 가장 큰 비중을 차지하는 두 가지가 바로 인플레이션과 입주물량이다.

물가는 계속 오르는데 부동산 가격은 그대로거나 하락하고 있다면 상승할 에너지를 축적하고 있는 상태이고, 매년 롤러코스터를 타듯 편차가 심한 입주물량이 일정 수요보다 부족할 경우 또한 상승 에너지를 쌓고 있는 것이다. 이렇게 축적된 에너지가 폭발할 때에야 비로소 가격이 움직이게 된다. 마치 물이 100℃가 되기 전까진 별다른 움직임이 없다가 100℃가 되어서야 끓기 시작하는 이치와 비슷하다.

따라서 집값이 한번 움직이기 시작하면 그동안 움직이지 못했던

● 전국 아파트 매매가격지수와 소비자물가지수 추이 ●

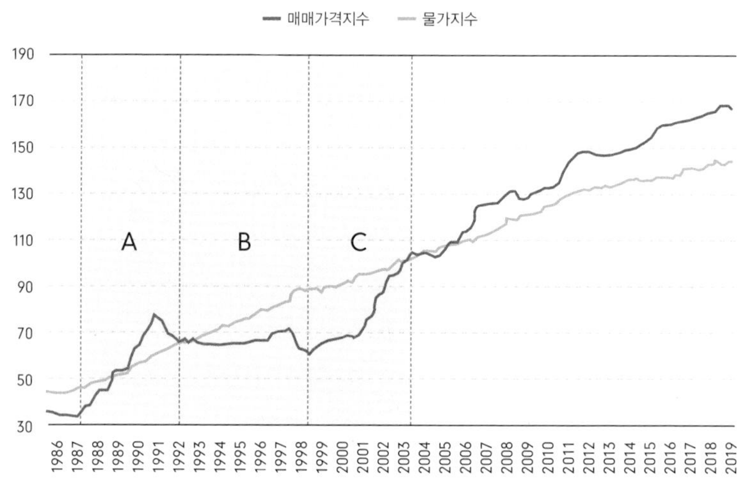

출처: KB부동산, 통계청 데이터를 토대로 작성

뭇까지 함께 움직이면서 상승폭이 비교적 커지게 된다. 소비자물가지수에 대입해보면 이해하기 쉽다.

옆 그래프는 소비자물가지수와 전국 아파트 매매가격지수를 비교한 것이다.

C 구간만 보면 조금씩 상승하던 집값이 갑자기 크게 오른 것처럼 보이지만 좀 더 넓게 바라봤을 때, A 구간 후반부터 하락하기 시작해 B 구간에 이르러 물가상승률에도 미치지 못하는 수준에 도달했다. 이후 물가상승률 아래에서 보합 및 하락을 유지하면서 상승 에너지를 쌓고 있다가 C 구간부터 상승하기 시작한 것이다. 상승 탄력을 받은 시점부터 아파트 가격은 물가 상승 수준까지 급격하게 올라갈 수 있었다. 단순하게 설명하면, 물가는 계속 오르는데 내 집값만 오랜 기간 오르지 않았다면 어느 순간 급등할 가능성이 크다는 뜻이다.

그렇다면 집값이 떨어지는 이유는 무엇일까? 이 또한 매우 간단하다. 가격이 한번 움직이게 되면 멈추는 데도 일정 에너지가 필요하다. 상승세는 적당한 위치에서 멈추지 않고 관성의 법칙으로 인해 상승폭이 일정 수준을 넘어서게 된다. 한마디로 적당히 해야 하는데 너무 달리게 된다는 것이다. 게다가 가격 상승이 이어지면 투자를 하겠다는 사람들도 늘어나 투자 수요가 더해지기 때문에 상승폭은 더 커진다. 즉, 물가상승률 정도까지만 올랐어야 하는데 상승 분위기가 과열되어 더 올라버렸을 경우 다시 원래 위치 정도로 돌아오는 과정을 거치게 된다.

그래프의 A 지점이 이와 같은 상황이다. 아파트 매매가격이 급등하면서 물가지수를 추월해버렸다. 물가지수가 절대적인 기준이 될 순 없지만 전국 아파트 매매가격지수는 C 구간 끝을 기준으로 그 전에는 물가지수보다 평균적으로 낮은 위치를 유지하고 있었다. 이런 분위기에서 매매지수가 물가지수를 뚫고 올라갔다는 것은 거품이라는 뜻이다. 즉, 관성의 법칙으로 일정 수준 이상으로 상승했기 때문에 결국 조정을 받아 하락한 것이다.

하지만 한번 하락세로 접어들면 적당한 위치까지만 떨어져야 하는데 침체된 매수심리로 인해 하락이 지속된다. 하락 및 보합을 하는 동안 물가는 계속 상승하고 이후 벌어진 차이만큼 다시 상승하는 사이클을 반복한다.

그렇다면 B 구간의 끝자락에서는 매매지수가 물가지수보다 한참 아래에 있었는데도 왜 하락했을까? 이 지점은 다름 아닌 대한민국의 외환위기 시기였다. 즉, 일시적으로 경제적 충격이 있는 시기였기 때문에 부동산 또한 일시적으로 하락했던 것이다. 이처럼 전국 아파트 가격은 소비자물가지수를 가운데 두고 인플레이션과 입주물량의 영향을 받으며 상승과 하락을 반복하고 있다.

시장 분위기에 휘둘리지 마라

집을 사고팔 때 가장 중요한 것은 타이밍이다. 즉, 쌀 때 사서 비쌀 때 팔아야 가장 좋다는 것은 굳이 말할 필요가 없다. 하지만 그때가 대체 언제란 말인가? 대다수의 사람들은 언론에서 해답을 찾는다. 신문, 방송, 그리고 전문가라 칭해지는 사람들의 발언과 칼럼을 통해 얻는 정보가 기준이 된다. 그럼에도 불구하고 수많은 사람들이 한결같이 하는 얘기가 있다. "내가 집을 사면 그다음부터 떨어지고, 내가 집을 팔면 그다음부터 오르기 시작하는데 도대체 이유가 뭔지 모르겠다!" 그것도 엄청나게 오른단 말이다.

혹시 남일 같지 않다면 그 이유는 무엇일까? 언론과 전문가들의 말이 거짓일까? 이 모든 일들이 소수의 투기꾼에 의해 조작되고 있는 것일까? '내가 사면 떨어지고 팔면 오르는' 이유를 알기 위해서는 다시

● 수도권 아파트 매매가격지수 추이 ●

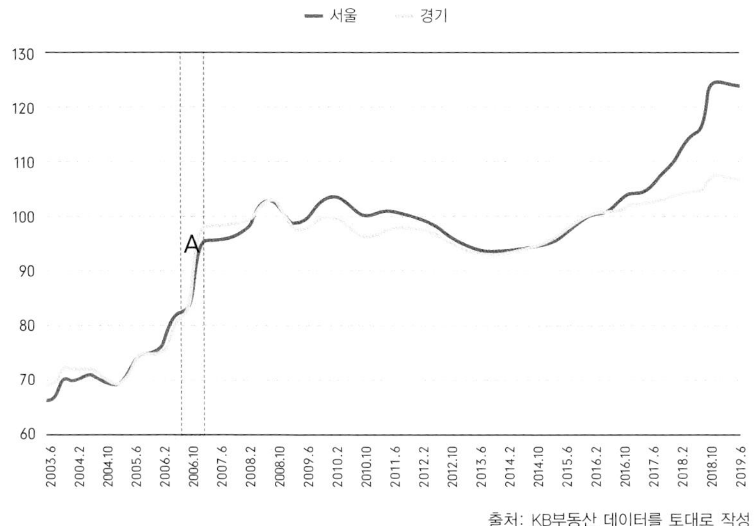

출처: KB부동산 데이터를 토대로 작성

그래프를 들여다봐야 한다. 언제까지 그렇게 살 순 없지 않은가. 앞의 그래프는 2003년부터 현재까지의 서울, 경기도 아파트의 매매가격지수를 나타낸다.

2003년 10월 29일, 참여정부의 초강력 부동산 대책이 발표된 후인 11월부터 수도권 아파트 가격은 소폭 하락했다. 그러다 2005년 1월부터 다시 반등하면서 3년 가까이 무서운 속도로 상승했다. 그중 A 구간에 해당되는 2006년 9월부터 12월까지 사상 초유의 수직 상승이 있었다. 돌이켜 보면 A 구간 초입 부분의 가격까지는 괜찮았으

● 아파트 매매 거래(월별) 건수 ●

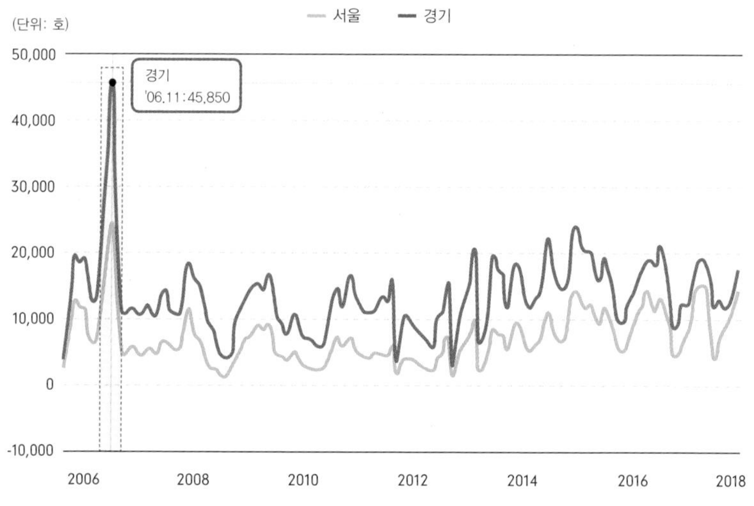

출처: 한국감정원

● 지역별 자가보유율 추이 ●

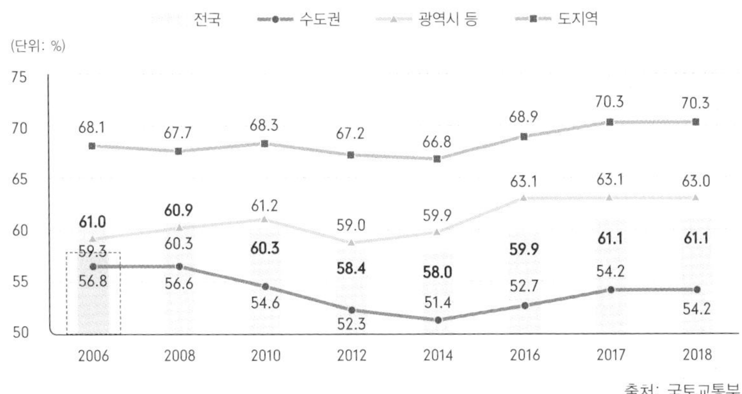

출처: 국토교통부

나 후반부 가격으로는 집을 사면 안 되는 타이밍이었다. 그래프에 보이는 바와 같이 이때는 가격 위치가 최고점 수준이었기 때문이다. 그러나 결과는 어땠을까?

먼저 이 기간 동안의 거래량은 왼쪽 그래프에 나타나듯이 사상 최고치를 기록했다. 4개월간의 거래량이 일반적인 1년 거래량보다도 월등히 많았다.

위 그래프는 지역별 자가보유율을 나타낸 것이다.

이 기간 동안 수도권의 자가보유율은 56.8%로 역대 최고치를 기록했다. 수도권 시장이 마지막으로 폭등한 시점에 가장 많은 무주택자들이 집을 샀던 것이다. 도대체 그 이유는 무엇이었을까? 붉은색 점선으

재건축 아파트 투자해? 말아?

주간동아 – 2006. 4. 12.

지난해 8·31 부동산 종합대책을 전후해 급락했던 서울 강남 등지의 재건축 아파트 값이 올 들어 다시 치솟자 정부가 추가로 칼을 꺼냈다. 재건축으로 생기는 개발이익을 최고 50%까지 환수하는 등 강도 높은 규제를 내놓은 것. 들쭉날쭉한 시장 상황...

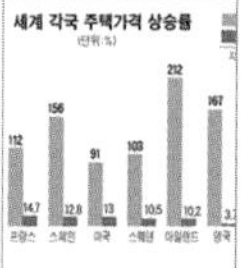

"강남 부동산 버블도 문제지만 급격한 붕괴 땐 온 국민이 피해"

조선일보 – 2006. 5. 20.

청와대에 이어 경제 부처 관료들까지 연일 '버블(거품)론'을 제기하자 전문가들은 '비상식적인 발언'이라는 반응이다. '버블 붕괴'란 지나치게 오른 자산 가격이 급락, 금융 부실·가계 파산으로 이어지는 것을 뜻한다. 일본은 90년 초 부동산 버블이 붕괴...

"번호표 한 장에 300만 원" 떴다방 몰려 투기장 방불

한겨레 – 2006. 5. 26.

무주택 서민과 거리로 나앉는 철거민들의 눈물이 밴 '보금자리'가 부동산 투기장으로 변한 셈이다. '판교개발 세입자 대책위원회' 이효재(46) 위원장은 "서민을 위한 정부라고 떠들더니 서민들은 구경조차 할 수 없는 집을 지어놓고 결국 투기세력에게...

'판교 로또' 2라운드 개봉박두

주간동아 – 2006. 8. 23.

8월 30일부터 판교신도시 분양의 2라운드가 시작된다. 이번 청약은 판교신도시 분양의 하이라이트다. 주택 수요자들이 애타게 원하는 큰 평형 아파트가 선보이기 때문이다. 판교 중대형 아파트는 투자가치도 높을 것으로 보여 치열한 경쟁이 예상된...

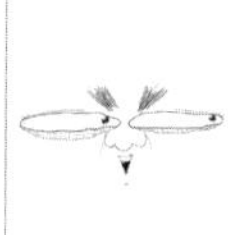

판교가 '갈 수 없는 나라'라면…눈 돌려 성남을 보라

조선일보 – 2006. 10. 18.

아직은 낡은 다가구·다세대주택이 밀집해 있고, 도로·공원·학교도 턱없이 부족하다. 그러나 송파·분당·판교신도시와 가깝고 교통 여건도 뛰어나 개발만 되면 '제 2의 분당'이 될 것이란 평가가 나온다. 성남시도 구시가지 87만 평에 대한 정비사업을 통해...

한 건도 청약 안 된 미분양 아파트가 밤새 북새통

조선일보 – 2006. 10. 27.

'내집마련정보사' 함영진 팀장은 "주택이 가장 부족한 서울 주택수요를 흡수하기에는 검단지구가 너무 외져 있다"며 "장기적으로 주택 부족을 해소하는 데는 도움이 되겠지만 현재 급등세를 보이는 주택시장을 안정시키기에는 역부족"이라고 말했다...

로 표시한 시기에 보도되었던 부동산 관련 기사들은 이와 같았다. 이 기사들을 읽어보면 집을 사지 않으면 안 될 것 같은 기분이 들 정도다.

기사 중에는 정부가 나서서 버블을 경고하는 내용도 있지만 전문가라 불리는 사람들이 오히려 비상식적인 발언이라 일축해버리며 집을 사야 할 것 같은 분위기를 부채질해 매수세가 꺾이지 않았다. 이후 2007년부터는 중대형 아파트에 대한 예찬이 쏟아진다.

[특집 | 2018년 이후 인구가 줄어들면 – 부동산] 구매 인구 감소해 집값 떨어져…중대형 인기는 지속될 수도

조선일보 – 2007. 3. 8.

대우건설을 주택 건설실적 1위 업체로 끌어올린 공신 중 한 명인 김승배 피데스개발 부사장. 1999년 대우건설이 워크아웃으로 존립의 위기에 처했을 때 김 부사장(당시 주택사업팀장)은 '경기순환 분석을 통한 호황기의 대비'란 제목의 보고서를 만들었...

[돈' Worry_ 10년 후 부동산 시장] 인구 줄어도 중대형 아파트값 안 떨어진다

조선일보 – 2007. 5. 11.

10년 후 부동산은 어떤 지형도일까? 2018년부터는 65세 인구가 전체 인구의 14% 이상을 차지하는 고령사회로 접어들고 2019년부터는 전체 인구조차 감소세로 접어든다. 고령자들이 늘어나고 인구 자체가 감소한다면 부동산 유효 수요가 줄어들 수...

중대형 아파트들의 폭락을 경험한 지금에야 이같은 기사 내용들이 어처구니없는 말로 들리겠지만, 당시 시장은 중대형이 상승을 주도하는 상황이었다.

온갖 규제 정책을 쏟아 부었음에도 집값을 잡지 못한 정부를 타깃으로 삼고 상승세는 어쩔 수 없는 현실이란 인식을 심어주는 기사들도 등장한다.

부동산값 폭등해도 시장 원리에 맡기라고?
오마이뉴스 – 2007. 3. 29.
2005년 6월 8일에는 참여정부의 부동산 정책을 '군청 수준'이라고 비판했고, 이틀 뒤에는 "뒷다리가 긴 산짐승을 잡으려면 내리막길에서 길목을 지키고 있어야지 온...

당시 엄청난 부동산 폭등이 지속되었던 스페인이 결국 주식 시장부터 무너지며 경제가 하락 국면으로 접어들었는데, 이와 비교해 한국의 부동산은 스페인과 체질이 다르기 때문에 버블이 아니라고 전망하는 기사도 등장한다.

스페인 VS 한국 '버블논쟁' 같지만 다르다
조선일보 – 2007. 5. 12.
지난달 말 스페인 부동산·은행 주가가 일제히 폭락하면서 스페인의 주택 버블 붕괴가 현실화되는 것 아니냐는 우려가 나오고 있다. 주가 폭락의 기폭제는 부동산...

그리고 이미 고점을 찍은 서울 강남권과 북새통인 판교에 힘입어 신도시 후보 지역들이 언급되면서 가격 상승이 시작되고, 수도권 외

분당급 신도시 후보지역들 부동산값 '들썩'

조선일보 – 2007. 5. 23.

최문섭 서울부동산경제연구소장은 '5월 초만 해도 4,000만 원에도 거래가 잘 안 되던 20평형 연립주택이 지난주부터 5,000만 원, 7,000만 원에 매매되더니, 주말에는...

일산 친구 '덕이' 잡아볼까?

조선일보 – 2007. 12. 1.

부동산정보업체 '부동산114' 김혜현 부장은 "연말에 경기 서북부 지역에서만 1만 7,000가구가 쏟아지면서 청약률 미달이 발생할 가능성이 높다"며 "하지만 반대로...

곽에 들어서는 중대형 아파트에 대해서도 장밋빛 전망이 계속된다.

이쯤 되면 지난 몇 년간 폭등을 경험한 무주택자들은 어떤 생각이 들까? 이와 같은 기사들을 어떻게 받아들여야 할까? 엄밀히 따지면 언론이 거짓을 말한 건 아니었다. 지금에 와서는 어처구니없는 내용이었을지 몰라도 당시 분위기는 그랬다. 즉, '그때는 맞고 지금은 틀린' 것이다.

참여정부 시절에는 IMF 외환위기 이후 지속적으로 상승해왔던 집값을 잡기 위해 총력을 기울였다. 앞서 언급한 2003년 10월 29일 발표된 부동산 대책은 전무후무한 초강력 정책이었다. 정부는 이 정책으로 무주택자들에게 주택 가격이 하락할 것이란 강력한 믿음을 주었고, 무주택자들은 희망을 갖고 가격이 하락하길 줄곧 기다려 왔다.

하지만 계속해서 아파트 가격이 폭등하는 상황과 이 같은 기사들을 지켜보면서 이러다 영원히 집을 못 살 수도 있다는 불안감이 엄습했을 것이다. 결국 많은 사람들이 이 시기에 집을 샀다. 하지만 안타깝게도 이 시기는 10여 년간 상승 구간의 마지막 불꽃이었다.

그렇다면 이들은 언제 집을 팔았을까? 집을 사고 약간의 상승을 경험하며 안도하는 순간, 이미 시장은 하락 국면으로 접어들었다. 실거주 목적일 경우 인플레이션의 메커니즘을 알고 있다면 일정 시간이 흐른 뒤 다시 상승할 것이 자명하기에 편안한 마음으로 기다리면 될 일이었다.

하지만 주변에서 이와 같은 상황에 처해 있는 사람들을 가만두지 않았다. 이제 곧 한국의 부동산도 일본을 따라갈 것이란 전망부터 시

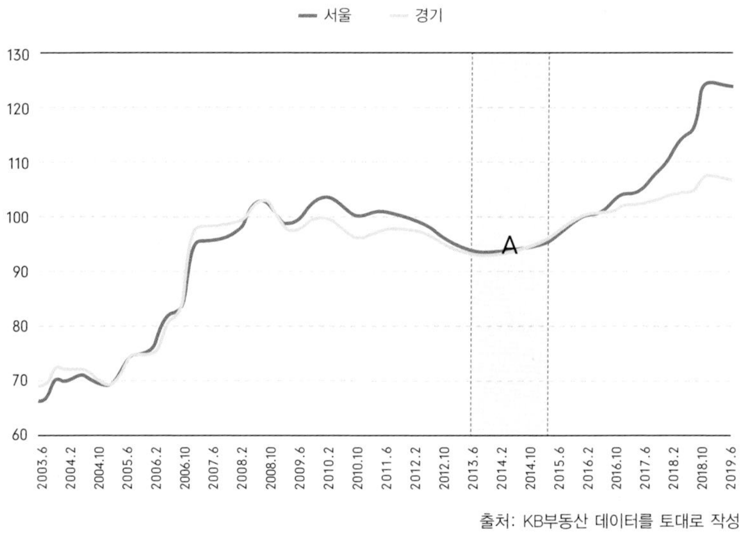

출처: KB부동산 데이터를 토대로 작성

작해 '하우스푸어'라는 신조어까지 생겨나면서 공포심을 부추겼다.

왼쪽 그래프의 A 구간인 2013년 중반부터 2015년까지는 하락의 끝에서 반등하는 기간이었기 때문에 집을 팔아선 안 되는 시기였다.

그러나 다음 그래프에서 볼 수 있듯이 이 구간 동안의 거래량은 2006년 이후 다시 최고점을 기록했다.

이후 수도권의 자가보유율은 사상 최하치까지 떨어졌다.

바닥을 찍은 집값이 상승할 타이밍을 앞둔 바로 직전에 집이 한 채뿐인 수많은 사람들이 여러 채를 보유한 사람들에게 자기 집을 판

● 아파트 매매 거래(월별) 건수 ●

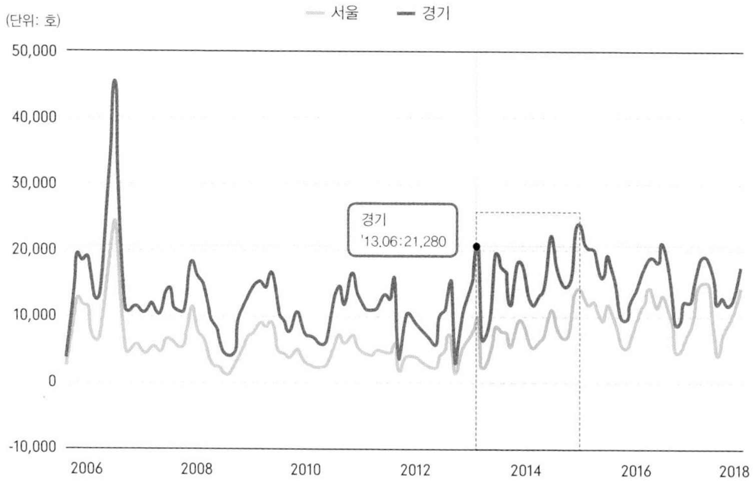

출처: 한국감정원

● 지역별 자가보유율 추이 ●

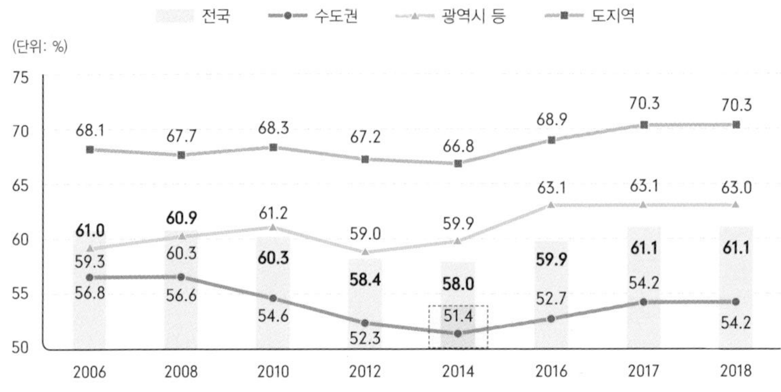

출처: 국토교통부

셈이다.

왜 이런 안타까운 선택을 한 것일까? 그 이유는 다음 기사들을 살펴보면 알 수 있다.

고위험군 '하우스푸어' "살려 주세요"

아시아경제 – 2013. 4. 5.

병(病)에도 응급과 진료가 다르듯 부동산에도 화급을 다투는 상황이 있다. 바로 하우스푸어증이다. 내 집이 있으면서도 수입이 없다 보니 빚만 눈덩이처럼 늘어나는...

'집값 폭락' 공포에 이성 잃은 박근혜 정부

오마이뉴스 – 2013. 4. 5.

전자는 아직 소득 여력이 없어서 DTI, LTV 규제 등을 풀어서 빚을 왕창 내게 할 수밖에 없는데, 그 경우 집값이 하락하면 하우스푸어로 전락할 가능성이 크다. 후자의...

주택담보대출 또다시 증가…하우스푸어 위협

Newsway – 2013. 6. 30.

시중은행의 주택담보대출이 또다시 증가세를 나타냈다. 지난 1, 2월 가파르게 증가세를 나타냈던 주택담보대출은 3월 이후 주춤하다가 5월부터 상승세로 돌아섰다.

작년 '하우스푸어' 248만 가구…1년 새 17만 가구 늘어

경향신문 – 2014. 3. 26.

주택산업연구원이 26일 내놓은 '하우스푸어 체감가구 분석' 보고서를 보면, 지난해 1주택 보유자 중 가처분소득 대비 원리금 상환비율(DSR)이 20% 이상인 하우스...

이 시기에도 언론은 거짓을 말하진 않았다. 하지만 시장의 흐름을 분석한 것이 아니라 단지 당시의 상황만 자극적인 문구로 표현하며 그 분위기에 맞춰 미래를 전망했다.

앞서 이야기했듯 부동산은 대표적인 실물자산으로 일반적인 경제 원리에 따르면 인플레이션이 지속되는 한 꾸준히 가격이 상승하게 된다. 그동안 가격 상승폭이 컸다면 일정 기간 보합 및 하락을 거친 뒤 결국 다시 상승할 수밖에 없는데 대중은 당시의 공포 분위기를 이겨내기 어려웠던 것이다.

그런데 정말 이렇게 환상적(?)인 타이밍에 집을 사고팔 수밖에 없었을까? 다시 한 번 그래프를 살펴보자.

소비자물가지수라는 선 하나를 대입했을 뿐인데 왜 A 지점에서 사면 안 되는지, 그리고 왜 B 지점에서 팔면 안 되는지 명확히 구분된다. A 지점은 소비자물가지수 대비 너무 큰 폭으로 상승한 가격 위치였고

● 수도권 아파트 매매가격지수와 소비자물가지수 추이 ●

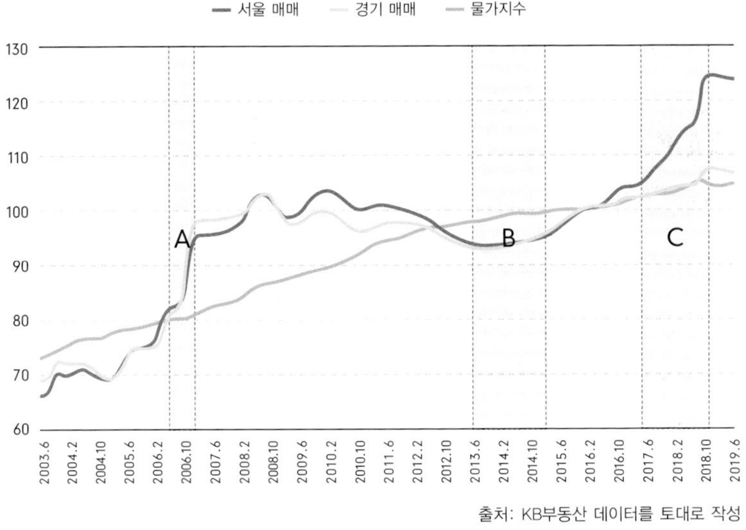

출처: KB부동산 데이터를 토대로 작성

B 지점은 오히려 물가상승률에도 미치지 못하는 가격 위치였다. 안타깝게도 이런 패턴은 또 다시 반복된다.

2015년부터 서울, 경기도의 아파트 가격은 본격적으로 상승하기 시작한다. C 구간인 2017년과 2018년 서울 아파트 가격은 폭등했다.

수도권의 자가보유율 또한 2014년 이후 계속해서 상승하고 있으며 2017년에는 큰 폭으로 증가했고 2018년까지 그 수치를 유지하고 있다. 과거에도 그랬던 것처럼 가격이 많이 올랐을 때 무주택자들이 집을 산 것이다.

● 지역별 자가보유율 추이 ●

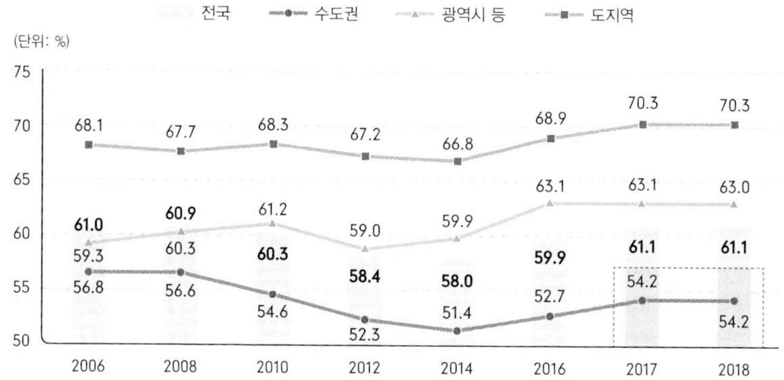

출처: 국토교통부

만약 2019년 후반기 서울이 다시 반등하면서 경기도까지 상승세가 번지면 수도권의 자가보유율은 더 상승할 것이다. 대중의 움직임에 편승하면 당시엔 마음이 편안할 수 있다. 하지만 그 길이 정답이 아니었음을 깨닫는 데 걸리는 시간은 그리 길지 않다.

언제 사고, 언제 팔아야 하는가

지역별로 아파트 가격이 오르내리는 흐름을 파악하는 데 소비자물가지수는 한줄기 빛과 같은 기준이다. 물가가 상승하는 원리에 따라 부동산 가격도 상승하기 때문이다. 절대적인 기준은 아니지만, 아파트 가격이 물가상승률 대비 너무 많이 올랐다면 조정 받을 가능성이 높아지고, 물가는 오르는데 아파트 가격은 그대로거나 오히려 하락했다면, 그리고 하락 기간이 길다면 앞으로 상승할 가능성이 크다고 예상할 수 있다.

● 부산, 대전 아파트 매매가격지수와 소비자물가지수 추이 ●

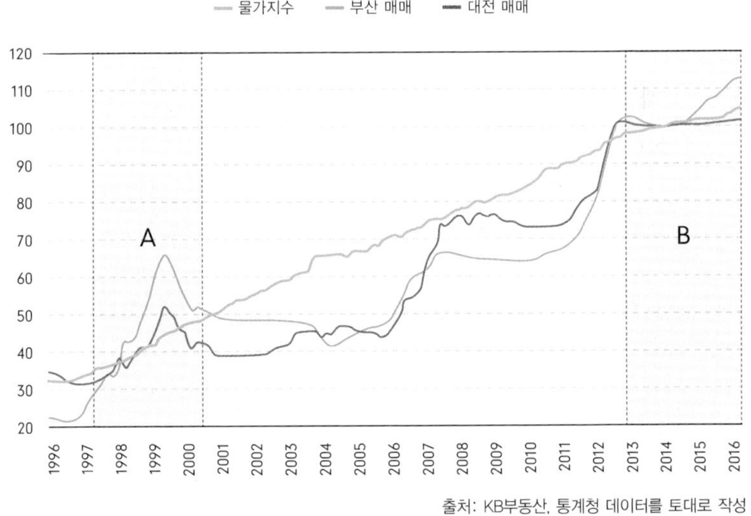

출처: KB부동산, 통계청 데이터를 토대로 작성

왼쪽 그래프는 부산과 대전 아파트 매매가격지수와 소비자물가지수를 나타낸 것이다. 먼저 A 구간을 살펴보면 과거 물가지수 대비 큰 폭으로 상승했다가 조정을 받았던 모습이 보인다. 이후 보합을 거쳐 큰 폭으로 상승하는 사이클을 반복해왔다.

중요한 건 B 구간이다. 부산, 대전 둘 다 직전의 과도한 상승으로 약간의 조정을 받았다. 그 후 부산의 경우 반등에 성공했고 계속 상승 가도를 달리고 있다. 반면 대전은 별다른 움직임이 없다가 최근에야 조금씩 꿈틀거리는 모습을 보여주고 있다. 이런 움직임은 2017년 중

● 부산, 대전 아파트 매매가격지수와 소비자물가지수 추이 ●

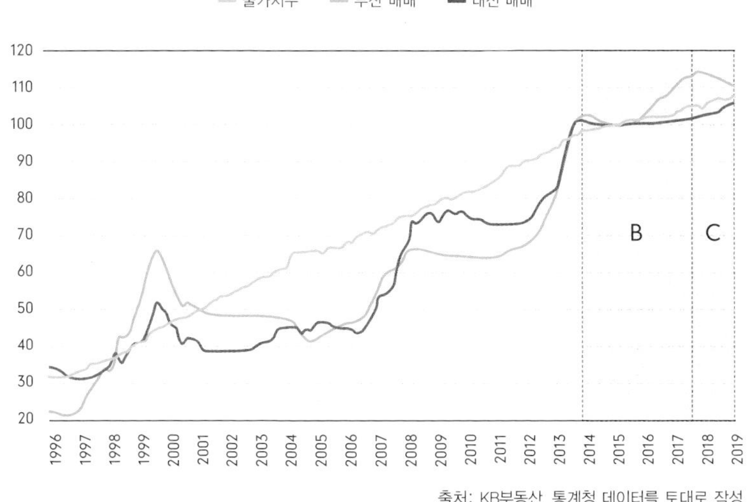

출처: KB부동산, 통계청 데이터를 토대로 작성

반까지 이어진다.

그렇다면 이 시점에서 어디가 사야 할 곳이고 어디가 팔아야 할 곳이었을까? 일반적인 사람들은 당시 분위기가 좋았던 부산을 매입했다. 계속 집값이 오를 것이라는 환상을 가지고 있었기 때문이다. 하지만 대전은 오랜 기간 지루한 보합을 유지하고 있던 터라 사람들의 관심을 받지 못했다. 하지만 결과는 어땠을까?

앞 그래프의 C 구간은 B 구간 이후부터 현재까지의 가격 움직임을 나타내고 있다. 부산은 얼마 후 하락세로 돌아섰고 대전은 상승세로 접어들었다. 그 이유는 물가지수를 보면 쉽게 알 수 있다. 부산은 이미 물가지수 대비 과도하게 상승한 위치에 있었고 대전은 오히려 물가지수에도 미치지 못하는 가격 위치에 있었다. 따라서 부산은 팔아야 할 곳이었고 대전은 사야 할 곳이었다. 이와 같은 원리는 지역뿐만 아니라 개별 아파트에도 적용된다. 일일이 소비자물가지수를 대입할 순 없지만 결국 비슷한 원리로 상승과 하락이 반복된다.

지금까지의 내용을 바탕으로 다음 두 아파트를 비교해보자.

두 곳 다 1990년대 준공된 30평형대이며, 재개발이나 재건축 이슈가 없는 일반적인 아파트이다. A아파트는 서울 중심에, B아파트는 경기도 신도시에 위치해 있다. 두 아파트 중 지금 사야 할 아파트는 어디이고 팔아야 할 아파트는 어디일까?

가격 그래프를 통해 짐작했겠지만 A아파트가 있는 지역의 분위기는 매우 좋은 편이다. 반면 B아파트가 있는 지역의 분위기는 침체되어 있다.

● A아파트 매매가 추이 ●

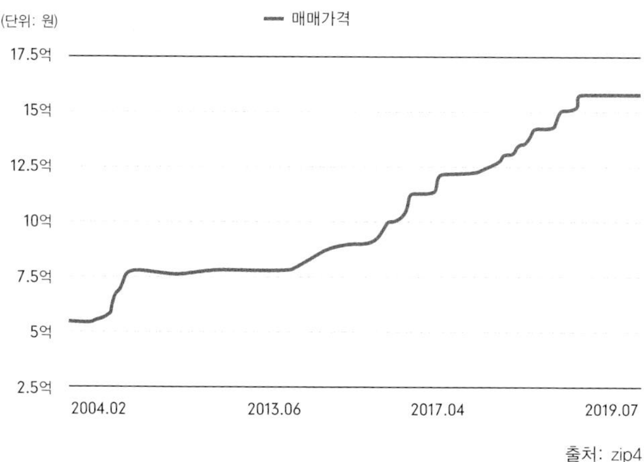

● B아파트 매매가 추이 ●

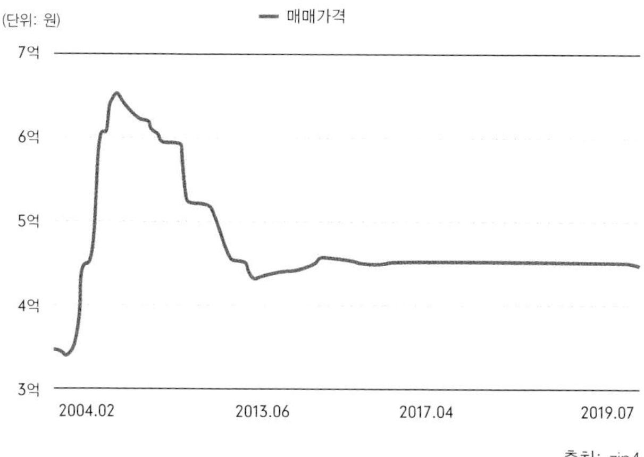

● A아파트 매매가와 소비자물가지수 추이 ●

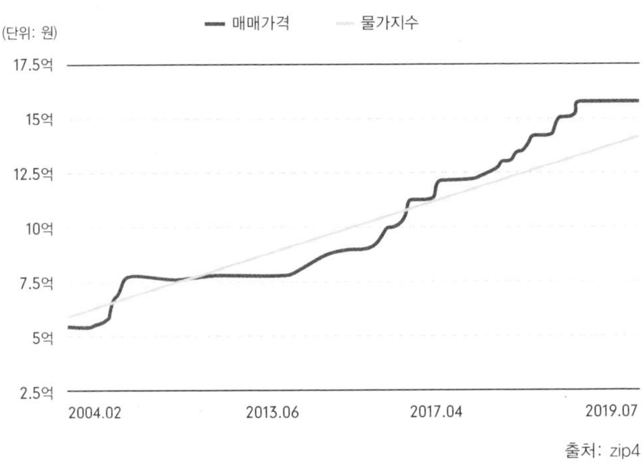

출처: zip4

● B아파트 매매가와 소비자물가지수 추이 ●

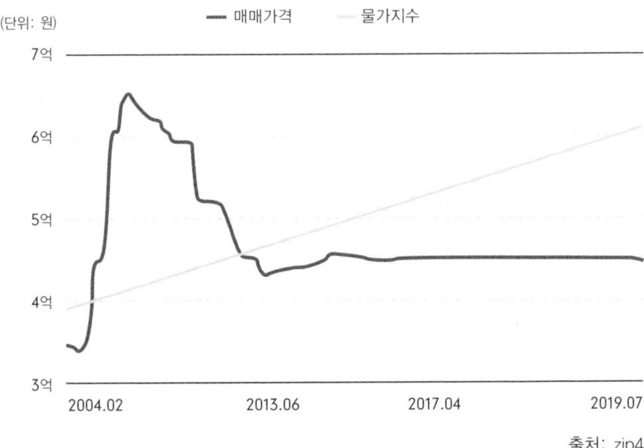

출처: zip4

전문가들조차도 B아파트가 위치한 지역에 대해서는 좋지 않은 의견을 내놓는다. 그렇다면 당신은 어떤 선택을 할 것인가?

쉽사리 판단하기 어렵다면 왼쪽 그래프처럼 가상의 소비자물가지수를 대입해보자.

A를 팔아야 할 아파트, B를 사야 할 아파트라 선택했다면 지금까지의 내용을 잘 이해한 것이다.

STEP 3

투자에 앞서 먼저 부자 마인드로 무장하라

안 되는 이유를 되는 이유로 바꿔라

에피소드 1

대학 시절 학생회장을 거쳐 총학생회 부회장직을 맡았다. 나는 임원들을 꾸려 총학생회를 구성했는데 그중 학술부장 선배가 소위 말하는 운동권이었다. 운동권에 별다른 관심은 없었지만 그 선배의 유식함과 굳은 신념에 호감이 생겨 두어 번 데모에 참여하기도 했다. 대의를 위해서라면, 정의를 위해서라면 무엇이든 할 수 있을 것 같던 멋진 선배였다.

세월이 흘러 우연히 버스 안에서 그 선배를 만났다. 반가운 마음에 버스에서 내려 함께 술 한잔 기울이며 이런저런 이야기를 나누었다.

"예전 학교 다닐 때 선배가 해준 말들이 아직도 기억나요. 정말 좋은 사상들이 많았던 것 같은데 말이죠."

"그랬냐? 그런데 다 필요없다. 지금 애가 둘인데, 월세 내랴 유치원 보내랴 진짜 먹고살기 힘들다… 사상이건 뭐건 간에 월급 많이 주는 회사가 최고야!"

선배의 말은 충격적이었고, 그때 처음 깨달았다. 돈 앞에서 올곧은 사상과 정의로움 따위는 아무것도 아니라는 사실, 육체가 정신을 지배하듯 돈 또한 사람을 지배한다는 것을 말이다. '돈'이란 냉정한 현실 그 자체였다.

에피소드 2

다음은 오랜만에 동창들을 만난 자리에서 나눈 대화들이다.

"우와 서점에서 네 책 봤어! 읽어보진 않았나 보다… 나도 부동산 경매 방법 좀 알려주라. 어떻게 하면 부동산으로 돈을 벌 수 있어?"

나에 대해서 좀 아는 친구들은 항상 이런 질문들을 하고, 나는 시장의 상황에 따라서 적절한 방법을 말해준다.

"우선 지금 서울에 내 집 마련하기 좋은 시기야. 대출을 조금 받아서라도 서울에 있는 아파트를 경매로 싸게 사놓으면 괜찮을 거야." 이때가 2016년이었다. 이후 서울은 거의 모든 지역이 폭등했다.

이 말에 동창들의 답변은 다음과 같았다.

"안 돼. 와이프가 집 사는 걸 싫어해. 왜 세금 많이 내면서 집을 사냐고, 집값 떨어지면 어쩌려고 집을 사냐고 난리칠 거다."

"안 돼. 엄마가 대출 받는 거 진짜 싫어하셔. 대출까지 받아서 집 산다 하면 욕먹을 거다."

그중 다소 진지하게 물어오는 녀석이 있었다.

"지금 서울 아파트에 전세로 살고 있는데 앞으로 어떻게 하는 게 좋을까? 정말 집을 사고 싶어서… 어떻게든 살 수 있는 방법 좀 알려 주라."

"그럼 지금 살고 있는 아파트를 사면 되지. 전세금에 돈을 보태거나 아니면 부족한 만큼 대출 받으면 충분히 살 수 있어." 2016년 이 아파트의 매매시세는 3억 3,000만 원이었고 친구의 전세금은 3억 원이었다.

"그러기엔 이미 너무 많이 오른 것 같은데…." 이 아파트는 7년 동안 줄곧 2억 8,000만 원선의 시세를 유지하다가 몇 개월 사이 5,000만 원 정도가 오른 상태였고 지금의 시세는 5억 4,000만 원이다.

"내 생각엔 이제 시작인 것 같은데? 어느 정도 오른 가격이 부담스럽다면 아직 오르지 않은 지역 아파트를 시세보다 싸게 낙찰 받아서 이사하는 것도 좋은 방법이지."

"다른 지역으로 가면 출퇴근이 힘들어져서 좀…."

"그렇게 멀리 가지 않아도 될 텐데? 그럼 지금 사는 아파트 주변 빌라로 이사하면 전세금이 남잖아. 그 돈으로 다른 아파트를 사거나 낙찰을 받아서 전세를 놓는 방법도 있어."

"와이프가 절대 빌라로는 이사 안 가려고 할 거야. 솔직히 나도 싫고…."

그렇다. 다 맞는 말이다. 이미 집값이 올랐다면 예전 가격에 대한 기억 때문에 집을 사기 망설여질 것이다. 살고 있는 집 말고 다른 집을 미리 사두고 싶지만 그만한 여유자금이 없다면 현재의 주거 수준을 낮춰 돈을 마련하는 방법뿐일 테다. 하지만 주거환경을 낮춘다는 것은 좀처럼 쉽지 않은 결정이다. 금수저가 아닌 이상 대부분이 이런 상황에 놓여 있기 때문에 일반적인 사람들에게 부동산 투자란 쉽지 않은 일이다. 투자란 남는 돈으로 해야 하는 것이 맞다.

하지만 일반적인 사람들에게 남는 돈이 얼마나 있을까? 남는 돈은 커녕 지금 당장 써야 할 돈도 모자란 것이 현실일 텐데 말이다. 그러나 나름 열심히 공부해서 투자 수익에 대한 확신이 섰다면 남는 돈이 아니라 어떻게든 돈을 만들어서라도 투자를 해야 하지 않을까? 내 집을 마련하는 것도 일종의 투자다.

이미 가격이 올라 집을 살 수 없다고? 그 집은 7년 동안 가격 변동이 거의 없었다. 집을 사긴 사야 하는데 쌀 때 사고 싶다면 이처럼 집값이 오르지 않았을 때 사야 했다. 그러나 오르지 않는 기간 동안에는 대부분의 사람들이 집을 사지 않았다. 왜? 오를 것 같지 않았으니까.

이 친구가 아파트에 전세로 들어간 시점에는 전세가격과 매매가격의 차이가 불과 3,000만 원이었다. 도대체 왜 집을 사지 않고 전세로 들어간 것일까? 집값은 오르지 않을 테니 전세로 들어가는 쪽이 이득이라고? 물가는 계속 오르고 있는데 집값만 오르지 않고 있는 현상이 당연하다고 생각되는가?

안정자산을 취득하기 위해 적당한 금액의 대출을 받는 것은 건전하고 현명한 선택이다. 만약 대출을 받지 않는다면 집값에 해당되는 돈을 전부 모아야 집을 살 수 있지만, 시간이 지날수록 돈의 가치는 떨어지는 반면 금, 부동산과 같은 실물자산의 가치는 늘 상승해왔다. 전액을 온전히 모아 부동산을 사는 것은 매우 어리석은 선택이다.

이젠 대출 한도가 많이 줄어서 집을 살 수 없다고? 그 이유 때문이라면 대출에 대해서 제대로 알아보긴 한 건가? 정말 당신이 알고 있는 한도밖에는 대출이 불가능할까?

에피소드 3

또 다른 친구는 이렇게 물어본다.

"부동산 투자, 특히 경매를 배우고 싶은데 뭐부터 어떻게 공부해야 해?"

"일단 관련된 책을 여러 권 읽어보고 강의를 들어봐. 그리고 현장에서 부동산을 많이 살펴볼수록 안목이 생길 거야."

"퇴근하면 보통 8시가 넘고 집에 가서 씻고 밥 먹고 TV 좀 보면 11시야. 도저히 시간이 없는데?"

"주말엔 뭐해?"

"애들이랑 놀아주고 마트도 가야 하고, 가끔 놀이동산이나 여행도

가야 하니까 정말 시간이 없어. 어쩌다 시간 나면 좀 자둬야 에너지가 충전되지. 안 그러면 월요일부터 피곤하다."

그렇다. 우리네 인생이 대부분 그렇다. 하지만 명심하라. 그 고리를 끊지 못하면 평생 그렇게 살아야 하고 나이가 들수록 더 힘들어진다는 것을, 그러한 삶을 결코 불행하다 할 순 없지만 늙어 죽을 때까지 경제적 자유는 누리지 못한다는 것을, 평생 돈을 위해 자신의 노동력과 시간을 지불해야 한다는 것을 말이다.

하지만 부동산 투자로, 경매로 성공한 사람들 대부분 처음에는 그와 같은 환경이었다. 나 또한 그랬다. 부동산 투자 성공은 '한번 해볼까' 하는 마음가짐으로는 절대 불가능하다. 확실한 목표가 있지 않는 한, 절박한 간절함이 있지 않는 한, 우리에겐 남는 돈도 없지만 남는 시간도 없다.

인상 깊게 읽은 책 『일본전산 이야기』에서는 일본전산이라는 회사가 '안 된다'라는 내용의 보고서를 쓰는 일을 절대 금하고 있다고 전한다. 이미 'No'라고 결론을 내놓고 그 이유를 나열한 보고서 따위는 필요없다는 뜻이다. 많은 사람들이 'No'라는 결론을 내놓고 살고 있다. 그리고 안 되는 이유에 대해 그럴듯한 보고서를 만들어 자신을 위로하며 살아간다. 진정으로 부동산 투자를 하고 싶다면, 부자가 되고 싶다면 어떻게든 '되게 하는' 방법을 찾고 실행해야 한다.

근로소득 vs 투자소득

부자가 되기 위해서, 나아가 경제적 자유를 얻기 위해서 반드시 근로소득과 투자소득의 차이를 구분할 수 있어야 한다. 일반적으로 돈을 벌기 위해서는 일을 해야 한다. 자신의 에너지와 시간을 투입해서 맞바꾼 돈을 근로소득이라 한다. 근로소득은 계속해서 자신의 에너지와 시간을 투입해야만 얻을 수 있으며 중단하는 순간 수입은 제로가 된다.

이보다 발전된 수익구조는 사업소득이다. 사업소득은 에너지와 시간을 좀 더 적게 투입하지만 근로소득과 비슷하거나 더 많은 돈을 벌 수 있다. 예컨대 A라는 사람이 중국에서 셀카봉을 500원에 사와 1,000원에 팔고 있다. 평균적으로 하루 8시간 정도 일을 하고 한달 동안의 순수익은 500만 원 정도다. 이 상황에서 A는 200만 원의 급여 조건으로 직원을 고용했고 하루 4시간 정도만 일을 해도 비슷한 수익을 유지할 수 있게 되었다. 하지만 순수익은 직원의 급여 200만 원을 제외한 300만 원이 되었다.

A는 틈틈이 판매처를 늘려 더 많은 수량을 판매할 수 있는 라인을 구축해 두 배의 매출을 달성했고, 직원 한 명을 더 고용했다. A의 순수익은 1,000만 원에서 직원의 급여 400만 원을 제외한 600만 원이 되었다. 하지만 중요한 사실은 이제 A는 하루에 2시간 정도만 일을 해도 된다는 것이다. 이것이 바로 시스템이며 사업소득이다.

이보다 더 상위에 있는 수익구조가 바로 투자소득이다. 투자소득은 주식이나 부동산 등의 투자 상품에 대해 분석하고 매입하여 시스템을 구축하는 단계에만 자신의 에너지와 시간을 투입한다. 그다음부터는 일을 하지 않아도 투자상품 스스로가 수익을 만들어낸다.

부동산으로 예를 들면, 지방에 있는 소형 아파트를 1억 원에 매입해서 보증금 1,000만 원에 월세 40만 원의 조건으로 세를 놓는다. 이후부터는 일을 하지 않아도 매월 40만 원이라는 소득이 발생한다. 만약 2년 후 시세가 상승해 1억 2,000만 원에 아파트를 매도했다면 추가로 2,000만 원의 소득이 발생한다. 돈만 있으면 아무것도 하지 않아도 돈을 벌 수 있는 사회적 구조가 불공평해 보일 수 있지만 이것이 바로 자본주의의 메커니즘이다.

근로소득 〈 사업(시스템)소득 〈 **투자소득**

부동산 투자에 처음 접근하는 사람들 중 상당수는 단기수익을 선호한다. 특히 부동산 경매에 관심이 있는 사람들 대부분은 단기매도 차익에 로망을 가지고 있다. 소위 단타라고도 하는데 시세보다 몇 천만 원 싸게 낙찰 받아서 바로 되팔아 몇 개월 사이 수익을 내는 방식이다.

예컨대 시세 2억 원의 아파트를 1억 8,000만 원에 낙찰 받아 명도를 하고 바로 2억 원에 되파는 식이다. 단순하게 수치만 계산하면 이

한 건으로 2,000만 원의 수익이 생기는 것처럼 보인다. 웬만한 직장인 연봉의 2분의 1 수준이다. '돈 벌기가 이렇게 쉬웠던가?'라는 생각을 갖게 만드는 매혹적인 투자방법이 아닐 수 없다. 하지만 실질적인 수익을 계산해보자.

일단 취득을 할 때 지출되는 등기비 약 300만 원, 명도 과정에서 통상적으로 지출되는 이사비 약 100만 원, 집 상태가 매우 양호하다는 가정 하에 기본적인 집 수리비 약 100만 원, 그밖에 대출을 받거나 받지 않더라도 잔금 납부 후 매도(잔금 받는 날)까지 소요되는 기간을 2개월이라 가정하여 그 기간 동안 지출되는 이자와 중도상환수수료 또는 기회비용을 약 200만 원이라 한다면 취득 가격은 1억 8,700만 원이 된다. 여기에 매도 시 중개보수비 80만 원이 지출된다.

가장 중요한 것은 양도소득세다. 주택을 취득하고 1년 이내 매도했을 경우 양도소득세는 40%이며 여기에 지방세 10%가 가산되어 총 44%의 양도소득세를 납부해야 한다. 약 600만 원을 양도소득세로 납부해야 하는 것이다. 결국 최종적인 수익은 약 620만 원이 된다.

매도가	2억 원
낙찰가	⊖ 1억 8,000만 원
등기비	⊖ 300만 원
이사비	⊖ 100만 원
집 수리비	⊖ 100만 원

이자 등	⊖ 200만 원
양도세	⊖ 600만 원
중개보수비	⊖ 80만 원
순수익	**620만 원**

한 건을 낙찰 받아 약 3~4개월이라는 기간 동안 1억 8,700만 원을 투입해 620만 원의 수익을 얻은 것이다. 대출을 받을 경우 비규제지역이란 가정하에 1억 2,000만 원 정도의 대출이 가능하며 이럴 경우 실제 투입되는 금액은 6,700만 원 정도다. 결국 시세보다 2,000만 원이나 싸게 낙찰 받았지만 실질적인 수익은 생각보다 적다.

그럼에도 당장 수익이 실현되기 때문에 많은 사람들이 이와 같은 방식에 호감을 가진다. 이런 투자를 한두 번 해보고는 적지 않은 사람들이 전업 투자자를 꿈꾼다. 하지만 반드시 명심해야 할 사실이 있다. 이같은 투자방식으로 얻은 수익은 투자소득이 아니다. 부동산 투자가 아닌, 부동산을 사고파는 일에 대한 근로소득일 뿐이다.

지금까지 이와 같은 방법으로 큰돈을 번 사람을 보지 못했다. 근로소득과 투자소득의 개념과 차이점을 모른다면 좋은 투자를 할 수 없다. 부동산 투자의 가장 강력한 아군은 시간이다. 시장의 흐름을 분석하고 좋은 부동산을 매입하여 임대를 놓았다면 이후부터는 시간이 돈을 벌게끔 해야 한다. 이것이 바로 진정한 투자소득이다.

PART 2

언제, 어디를 살까요?

STEP 1

신도 모른다는 부동산 가격, 수요와 공급에 답이 있다

아파트 가격, 입주물량부터 살펴라

시장에서 가격을 결정하는 요소는 수요와 공급이다. 과연 주택 시장에도 이 원칙이 적용될까? 주택 수요가 늘어나는 요인은 여러 가지가 있겠지만 단순하게 생각해보면 인구가 늘어나야 수요도 늘어난다. 그렇다면 대한민국의 인구는 현재 늘고 있을까, 줄고 있을까?

정답은 '늘고 있다'이다. 많은 사람들이 한국의 인구가 줄고 있다고 잘못 알고 있는데 통계청에서 조사 및 분석한 결과 지금까지도 인구는 늘고 있고 2030년도까지 계속 늘어날 것이란 전망이다. 우리가 줄

● 대한민국 총 인구수·인구성장률 추이 ●

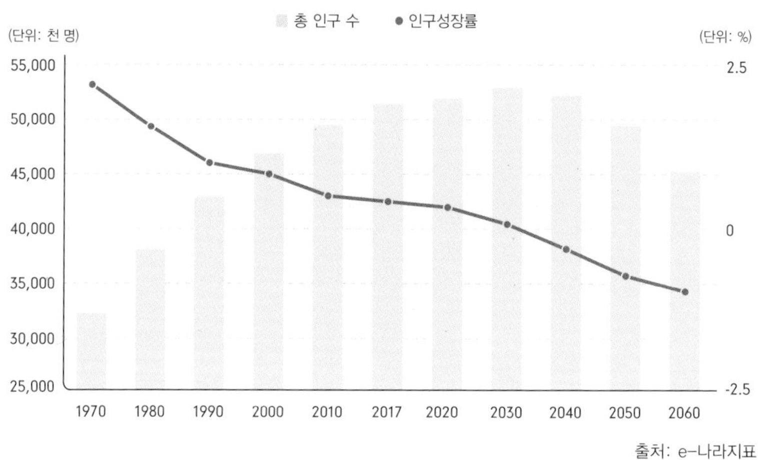

출처: e-나라지표

고 있다고 착각하고 있는 것은 인구가 아니라 인구성장률이다.

하지만 인구가 늘어난 만큼 주택 수요가 늘어나지는 않는다. 아기가 태어났다고 해서 바로 새로운 집이 필요해지는 것이 아니기 때문이다. 주택 수요가 늘어나는 대표적인 요인은 결혼과 이혼이다. 결혼을 하면 새로운 집이 필요하게 되고 이혼을 해도 마찬가지다. 다음 표는 최근 5년 동안의 결혼, 이혼 건수이다.

전국 기준 최근 5년 동안의 연간 평균 결혼 건수는 28만 2,409건이고 평균 이혼 건수는 10만 9,341건, 이를 합한 평균은 39만 1,750건이다. 즉 1년 동안 평균 39만 1,750건의 결혼과 이혼이 발생

● 2014~2018년 결혼·이혼 건수 ●

(단위: 건)

지역	2014		2015		2016		2017		2018	
	결혼	이혼	결혼	이혼	결혼	이혼	결혼	이혼	결혼	이혼
전국	305,507	115,510	302,828	109,153	281,635	107,328	264,455	106,032	257,622	108,684
서울특별시	64,823	19,477	64,193	18,176	57,643	17,777	53,776	17,083	52,005	16,940
부산광역시	18,927	7,345	18,176	6,649	17,113	6,859	15,677	6,651	14,781	6,678
대구광역시	12,552	4,794	12,545	4,497	12,216	4,383	11,392	4,380	10,967	4,530
인천광역시	17,251	7,417	17,118	7,116	16,092	7,097	15,235	6,988	14,850	7,011
광주광역시	8,213	3,051	7,945	2,842	7,468	2,817	7,141	2,694	6,632	2,887
대전광역시	9,118	3,221	8,805	2,999	8,325	2,890	7,697	2,855	7,377	3,008
울산광역시	7,674	2,731	7,483	2,406	7,006	2,520	6,331	2,519	5,894	2,658
세종특별자치시	920	280	1,493	324	1,612	343	1,728	465	2,038	485
경기도	74,306	28,982	73,950	27,688	70,052	26,723	66,429	26,924	66,877	27,884
강원도	7,785	3,630	7,876	3,484	7,468	3,482	7,295	3,263	6,994	3,418
충청북도	8,774	3,671	8,872	3,486	8,334	3,446	7,990	3,461	7,827	3,543
충청남도	12,040	4,915	12,331	4,724	11,792	4,682	10,961	4,835	10,970	4,842
전라북도	9,211	4,091	9,060	3,755	8,216	3,979	7,817	3,698	7,219	3,934
전라남도	9,357	4,135	9,275	4,033	8,554	3,965	8,049	4,008	7,587	4,170
경상북도	14,183	5,503	14,273	5,348	13,363	5,375	12,190	5,505	11,687	5,620
경상남도	19,056	7,602	18,671	7,368	17,580	7,486	15,978	7,355	14,996	7,575
제주특별자치도	3,593	1,530	3,676	1,447	3,705	1,552	3,654	1,530	3,638	1,607

출처: 국가통계포털

하고 있고 이만큼의 집이 매년 필요하다는 뜻이다. 한국 주택 중 아파트가 차지하는 비중은 60% 정도이므로 이 수치를 계산하면 연간 필요한 아파트 수는 23만 5,050호가 된다.

연평균 결혼·이혼 39만 1,750건 × 아파트 비율 60%

= 연간 필요 아파트 수 23만 5,050호

이를 인구수에 비례해보면 현재 대한민국 인구수 약 5,180만 명의 0.45% 정도가 된다. 물론 더 다양한 수요 원인과 지역별 특성이 있겠지만 단순하게 계산했을 때 어느 지역의 1년 동안의 아파트 수요는 그 지역 인구수의 약 0.45%라고 할 수 있다. 절대적인 수치라고 단정 지을 수는 없지만 대략적인 수요를 참고하는 기준으로는 충분히 활용할 수 있다.

그렇다면 공급이란 무엇일까? 이 또한 단순하게 정리하면 아파트를 새로 분양하는 것이다. 하지만 실질적인 수요가 충족되기 위해서는 입주를 해야 하기 때문에 결론적으로 공급에 해당되는 요소는 입주물량이다. 즉, 수요보다 입주물량이 적다면 가격은 오를 것이고, 수요보다 입주물량이 많다면 가격은 하락하게 되는데 과연 이론대로 아파트 가격이 움직여왔을까?

먼저 부산을 살펴보자.

오른쪽 그래프의 연두색 막대가 연간 입주물량이다. 부산의 인구는 약 344만 명이므로 1년간 아파트 수요는 1만 5,500호 남짓이고 그래프에서 녹색 가로점선에 해당한다. 붉은 선이 매매가격지수를 나타낸다. 입주물량에 따라 매매가격이 어떻게 움직여왔는지 구간별로 살펴보자.

● 부산 아파트 입주물량·매매가격지수 추이 ●

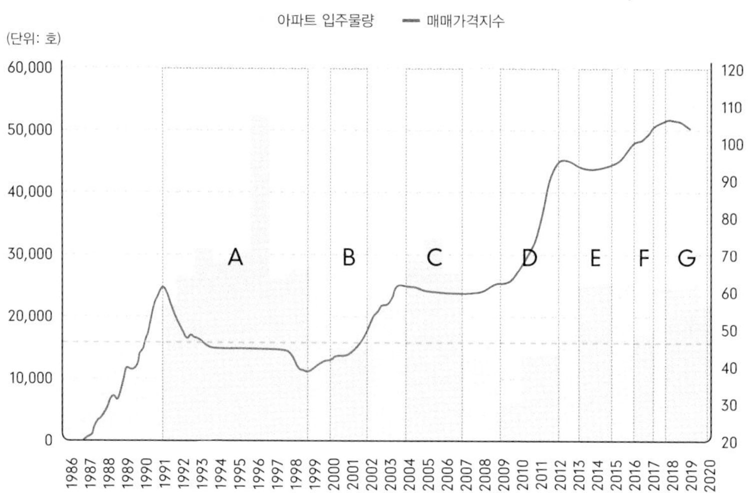

출처: KB 부동산, 부동산지인 데이터를 토대로 작성

A 구간: 적정 수요를 나타내는 녹색 가로점선보다 입주물량이 월등히 많다. 그 때문인지 초입부터 매매가격은 하락하기 시작했고 구간 내내 입주물량이 많았기에 매매가격 또한 계속 하락했다.

B 구간: 입주물량이 수요보다 적어진 B 구간에서 매매가격이 상승하기 시작한다.

C 구간: 입주물량이 제법 많아지자 여지없이 하락 및 보합을 유지했다.

D 구간: 다시 입주물량이 줄어들자 매매가격은 급등했다.

E 구간: 입주물량이 많아지자 거짓말처럼 상승세가 꺾인다.

F 구간: 입주물량이 순간적으로 줄어들자 이에 맞춰 상승했다.

G 구간: 다시 입주물량이 많아지자 하락 국면으로 접어들었다.

아파트 가격도 수요와 공급의 법칙에 의해 움직여왔음을 확인할 수 있다. 부산의 경우 2019년, 2020년 모두 입주물량이 많기 때문에 당분간 매매가격이 상승할 가능성은 높지 않을 것으로 전망할 수 있다. 이처럼 입주물량은 향후 아파트 가격을 예측할 수 있는 매우 중요한 지표이다. 하지만 지역에 따라서 입주물량에 따른 매매가격 변화

● 서울 아파트 입주물량·매매가격지수 추이 ●

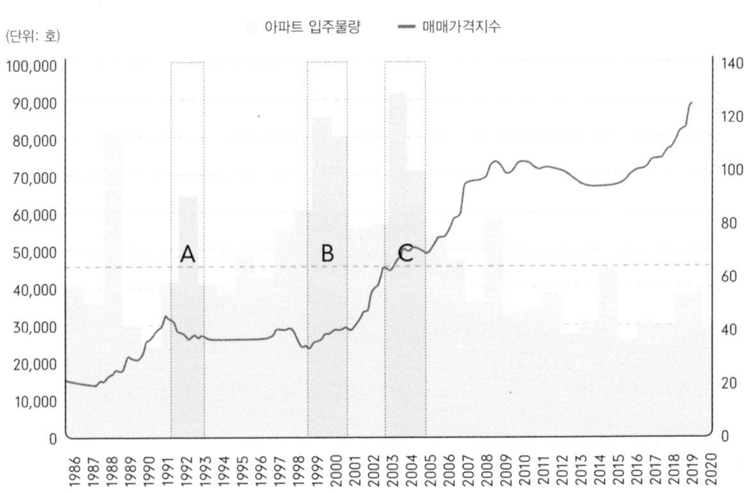

출처: KB 부동산, 부동산지인 데이터를 토대로 작성

가 수학공식처럼 맞아떨어지지 않는 경우도 있다.

서울의 경우 단지 입주물량만으로 설명할 수 없는 구간도 있다. 하지만 A 구간에서 많은 입주물량이 원인이 되어 하락했고 1997년 외환위기를 극복한 후 상승을 시작하는 B 구간은 입주물량이 많았기에 상승폭이 매우 작았으며 C 구간 또한 폭발적인 입주물량으로 인해 일시적으로 하락하는 현상이 있었음을 알 수 있다. 이처럼 입주물량이란 전반적인 가격 흐름에 있어서 가장 큰 영향을 주는 요인임은 확실하다.

그렇다면 입주물량은 왜 이렇게 들쭉날쭉한 것일까? 의외로 이유는 간단하다. 아파트를 짓고 분양을 하는 건설사, 시행사 입장에서는 언제 분양을 하고 싶을까? 당연히 아파트 시장 경기가 좋을 때다. 미분양 없이 최대한 비싼 가격에 아파트를 분양할 수 있기 때문이다. 반대로 경기가 좋지 않을 때는 최대한 분양을 미룰 것이다.

때문에 아파트 시장 경기가 좋을 때는 분양물량이 많아지고 이는 약 3년 후 그대로 입주물량이 된다. 분양 후 건설사가 열심히 아파트를 건축해서 준공 후 입주하는 데까지 걸리는 시간이 통상 3년 정도다. 반대로 경기가 좋지 않을 때는 분양물량이 현저히 줄어들어 3년 후에는 입주물량이 부족한 현상이 발생한다. 이런 사이클이 반복되면서 아파트 가격도 상승과 하락을 반복하는 것이다.

입주물량은 '부동산지인(https://aptgin.com)' 사이트에서 손쉽게 확인이 가능하다.

부동산 지인
로그인
회원가입
도움말
지역분석
아파트 분석
빅데이터 지도
경제 지도
지인 빅데이터
수요/입주
커뮤니티
아파트 비교검색
여러 아파트의 가격변동추이, 거래량,
전세율, 매물가격 등
다양한 정보를 비교할 수 있습니다.
아파트분석

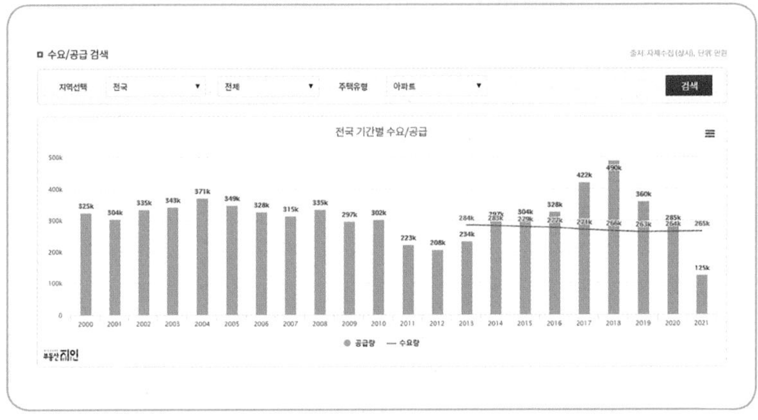
수요/공급 검색
지역선택
전국
전체
주택유형
아파트
검색
전국 기간별 수요/공급
500k
400k
300k
200k
100k
0
325k
304k
335k
343k
371k
349k
328k
315k
335k
297k
302k
223k
208k
234k
284k
283k
304k
279k
328k
422k
490k
360k
285k
264k
265k
125k
2000
2001
2002
2003
2004
2005
2006
2007
2008
2009
2010
2011
2012
2013
2014
2015
2016
2017
2018
2019
2020
2021
공급량
수요량
부동산 지인

출처: 부동산지인

개발 호재에 기민해져라

입주물량은 공급을 판단하는 데 있어 매우 중요한 정보이다. 하지만 공급에 영향을 미치는 또 다른 중요한 요소가 존재한다. 바로 집 소유자들이 시장에 내놓는 매물이다. 매물이 많아지면 공급이 늘어나는 효과가 발생하고 반대로 매물이 줄어들면 공급이 줄어드는 효과가 나타난다.

예컨대 정부가 양도소득세를 높이는 정책을 내놓으면 매물이 줄어들면서 공급이 위축된다. 그래서 8·2 대책 이후 규제지역의 아파트 가격이 폭등한 것이다. 그런데 9·13 대책 이후 집을 새로 살 때 기존에 있는 집을 2년 안에 매도해야 대출이 가능해져 이와 관련된 매물들이 시장에 나오면서 공급이 늘어나는 효과를 가져왔고 집값은 안정되었다.

그렇다면 수요에 영향을 미치는 또 다른 요인들도 있을까? 결혼과 이혼 외에도 수요가 늘어나는 요인은 여러 가지가 있지만 가장 대표적인 요인은 해당 지역에 일자리가 늘어나는 것이다. 예컨대 마곡지구의 경우 기업들이 지속적으로 입주해 좋은 일자리가 늘어나면서 인근 아파트의 수요도 늘어났다.

교통망이 좋아지면 이 또한 수요가 늘어나는 요인이 된다. 일산의 경우 강남으로 출퇴근하는 수요는 기대하기 힘든 입지였지만 GTX-A 노선이 개통된다면 강남 출퇴근 수요가 늘어나는 효과가 나타날 것으로 예상된다.

재개발, 재건축 등의 사업으로 기존 주택이 멸실되는 경우도 있는데 이 또한 일시적으로 멸실되는 호수만큼 수요가 늘어나는 효과가 나타난다. 그밖에 슬럼화된 빌라촌이 아파트 단지로 바뀌거나 인근에 근사한 공원이 조성된다면 그곳에 살고 싶어 하는 수요가 늘어날 것이다.

이 모든 요인들을 통틀어 개발 호재라고 부른다. 하지만 특정 지역의 수요가 늘어나게 되면 반대로 수요가 줄어드는 지역이 존재하게 된다. 결국 개발 호재에 의한 수요의 변화는 뺏고 뺏기는 제로섬(zero-sum) 게임과 유사하다. 이러한 이유로 어느 지역에 투자를 검토할 때는 단순히 입주물량만 확인할 것이 아니라 주변 개발 호재로 인해 수요를 빼앗길 우려가 있는지에 대해서도 검토해야 한다.

STEP 2

상승과 하락의 시그널, 먼저 읽을 수 있다

상승장과 하락장, 미분양에 힌트가 있다

입주물량 다음으로 확인해야 할 사항으로 미분양이 있다. 경기가 좋으면 분양물량이 쏟아지고 그 수량이 누적되면 미분양이 쌓이기 시작한다. 이때가 바로 하락의 시그널을 주는 타이밍이라 할 수 있다.

먼저 부산을 살펴보자. 다음 그래프에서 하늘색 막대가 아파트 미분양수, 붉은색 선이 매매가격지수다.

● 부산 아파트 미분양수·매매가격지수 추이 ●

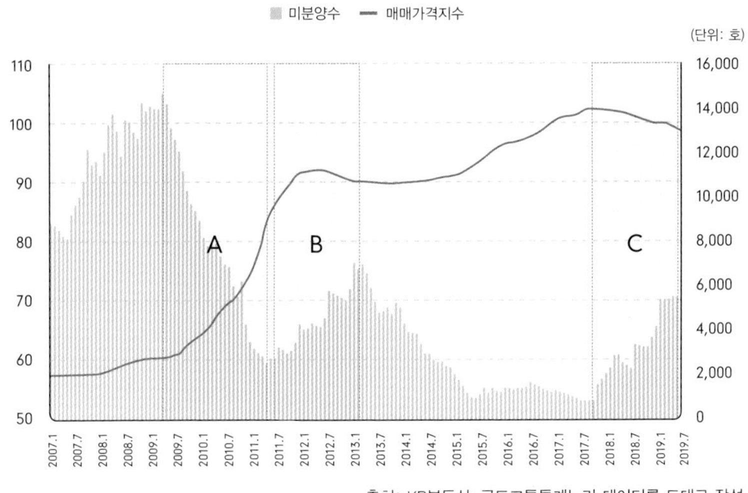

출처: KB부동산, 국토교통통계누리 데이터를 토대로 작성

A 구간에서 미분양수가 급격히 감소하기 시작하는데 이 시기에 맞춰 매매가격은 상승하기 시작했다. 미분양수가 급감할수록 매매가격은 급등했다.

B 구간의 경우 미분양수가 서서히 늘어나고 있다. 매매가격은 여전히 상승하고 있지만 상승폭이 둔화되다 급기야 하락세로 전환된다. 아직 매매가격은 상승 중이지만 미분양수가 증가하면서 하락에 대한 시그널을 주었고 결국 매매가격은 하락 국면으로 접어들었다.

C 구간에서 미분양수가 다시 늘어나며, 이 타이밍에 맞춰 매매가격이 하락하기 시작했다.

● 서울 아파트 미분양수·매매가격지수 추이 ●

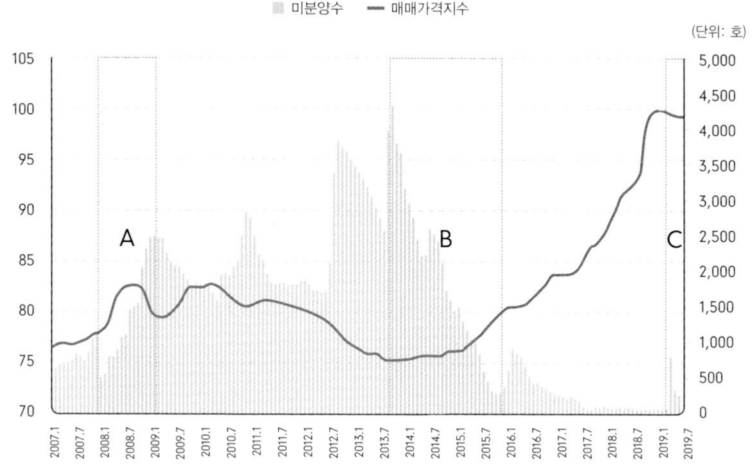

출처: KB부동산, 국토교통통계누리 데이터를 토대로 작성

서울의 경우도 비슷한 현상이 나타난다.

1998년부터 본격적으로 상승하기 시작한 서울의 집값은 2008년 미국발 금융위기와 함께 하락세로 전환된다. 얼마 후 다시 상승하는가 싶더니 2010년부터 본격적인 하락기로 접어들었다. 폭주기관차처럼 끝을 모르고 질주하던 상승세가 드디어 꺾인 것이다.

본격적인 하락이 시작되기 앞서 A 구간의 미분양수를 살펴보면 매월 꾸준히 증가하고 있음을 알 수 있다. 분양만 했다 하면 완판되던 서울의 아파트가 어느 순간부터 미분양이 생기기 시작하고 그 수량이 계속 누적되면서 하락 국면으로 접어들 것이라는 시그널을 준 것이다.

반대로 B 구간을 보면 하락 국면에서 다시 반등하는 상황으로 그 많던 미분양수가 눈에 띄게 소진되고 있는 모습을 볼 수 있다. 이런 현상이 바로 상승 국면으로 접어들 것이라는 시그널이다.

최근인 C 구간에서 2019년 3월경 갑자기 미분양이 770호로 늘어났다. 매매가격지수도 하락세를 나타내면서 이제 서울 부동산 시장도 장기적인 하락세로 접어드는 게 아닌가 하는 우려가 감돌기도 했다.

하지만 미분양된 물건을 자세히 들여다보면 대다수가 광진구의 e-편한세상 광진그랜드파크였으며 84타입의 분양가는 12억 원 정도였다. 분양가도 주변시세에 비해 애매했을 뿐만 아니라 주택도시보증공사(HUG)의 분양보증도 없었기 때문에 당첨되어도 중도금 대출을 받기 힘들었다. 그리고 인근에 계속해서 좋은 분양물건(당첨만 되면 수익이 된다는 일명 '로또분양')들이 있었다는 것도 한몫 했다. 시행사가 연대보증을 서서 중도금대출을 받을 수 있게 조치하자 미분양 대부분이 해소되었다. 결국 서울의 급작스런 미분양 증가는 아파트 시장 침체의 신호라기보다는 해당 물건의 특성상 일시적으로 발생된 현상이라 판단된다.

이처럼 아파트 분양 시장은 현재의 시장 분위기를 가장 먼저 반영하는 더듬이와 같은 역할을 한다. 시장 분위기가 불타오르고 있을 때는 분양 경쟁률이 높을 것이고 그 불꽃이 꺼져가고 있을 때는 미분양이란 결과물로 나타나게 된다.

미분양 추이는 'zip4(http://zip4.co.kr)' 사이트에서 간편하게 확인할 수 있다.

zip4 살펴보기 ▾ 지역 ▾ 아파트 ▾ 정보 ▾ 고객지원 ▾ 로그인

시세변화	수요와공급	아파트분양	거래량	입지정보
부동산날씨	입주물량	분양일정	인기거래지역	동별입지분석
주간시세	연도별 입주물량	청약경쟁률	거래량그래프	랜드마크아파트
연도별시세	미분양현황		매수매도동향	아파트평당가
지역상승Top				학군정보
지역시세그래프				동별시세추이
시도별 평형시세그래프				
동별 평형시세그래프				
매매전세가격변화				

● 서울 아파트 미분양 추이 ●

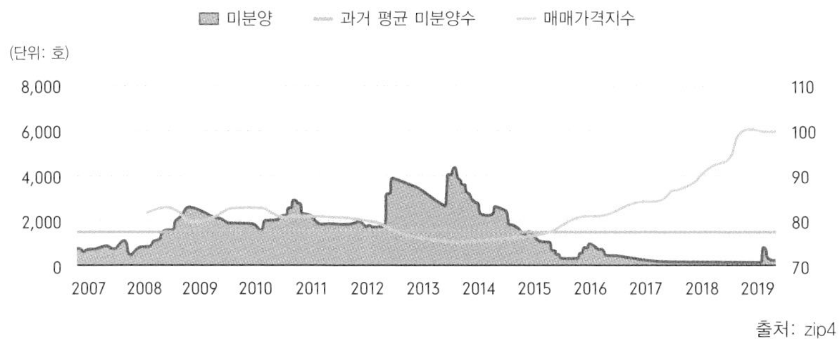

출처: zip4

상승 패턴의 지역별 시간차에 주목하라

집값이 상승하는 과정 중 재미있는 현상을 발견할 수 있는데 바로 '시간차'이다.

어느 지역이 본격적인 상승 국면으로 접어들면 입지가 좋은 곳의 집값이 가장 먼저 큰 폭으로 움직인다. 그리고 그 상승 분위기가 점차 주변으로 확산된다.

예컨대 서울의 경우 강남구, 서초구, 송파구가 먼저 큰 폭으로 상승한 다음 그 분위기가 다른 구로 확산되면서 상승세를 이어간다. 같은 서울이라 해도 '구'별로 상승하는 시기가 다르며 시간차가 있다는 뜻이다.

● 서울 각 구별 아파트 매매가격지수 추이 ●

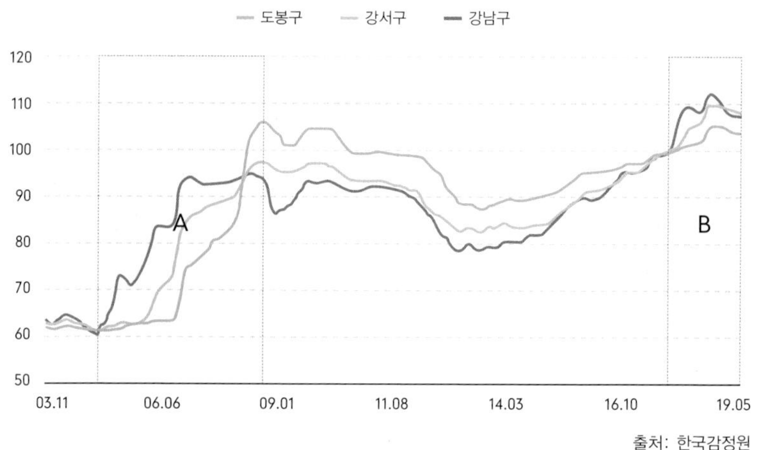

출처: 한국감정원

왼쪽의 그래프를 통해 서울 내에서도 강남구, 강서구, 도봉구의 상승 시기가 확연히 다르다는 것을 알 수 있다.

과거 A 구간에서 가장 먼저 상승한 지역은 강남구였다. 강남구는 놀라운 곡선을 그리며 급등하면서 대한민국 최고라는 위용을 과시한다. 하지만 같은 서울이라도 다른 지역들은 별다른 움직임이 없었다. 마치 "강남이기 때문에, 강남만 오르는 거야!"라고 말하는 것 같았다.

강서구 입장에서는 자존심이 상하기 시작한다. "우리도 한강 남쪽에 인접해 있고, 강남까지 바로 갈 수 있는 9호선이 개통되고 마곡지구가 들어오면 좋은 일자리도 많아질 텐데 강남만 오르는 게 말이 돼?!" 이제 강서구도 급상승을 시작한다. 강남구 상승 후 1년 뒤에야 나타난 현상이었다.

이런 모습을 본 도봉구가 한마디 한다. "우리도 서울이거든!" 도봉구도 강남구 상승 후 2년이 조금 안 된 시점에서 급상승을 시작했고 결과적으로 가장 큰 폭으로 상승한 지역이 되었다. 그런데 재미있는 점은 현재의 B 구간에서도 과거와 비슷한 현상이 반복되고 있다는 것이다. 즉, 지역별로 상승하는 패턴이 있다.

이런 상승 패턴은 경기도의 경우 '시'별로도 극명하게 나타난다.

다음 그래프의 과거 A 구간을 살펴보자. '천당 밑에 분당'이라 불리는 분당을 품고 있는 성남시는 마치 강남인 것 마냥 제일 먼저 급등하기 시작했고 수원시는 1년 후에야 시동을 걸기 시작했다. 그리고 얼마 후 의정부시는 가장 강력한 불꽃을 태웠다. 현재의 B 구간에서도 가장 먼저 움직인 지역은 성남시였고 수원시는 약간의 움직임을 보이

● 경기도 각 시별 아파트 매매가격지수 추이 ●

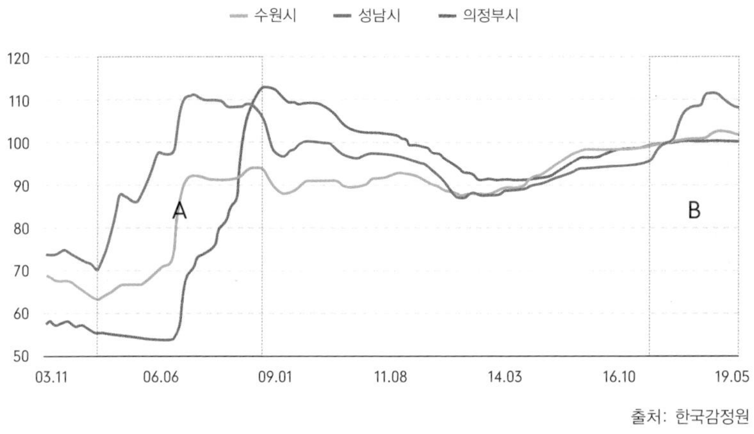

출처: 한국감정원

기 시작하고 있다. 그리고 의정부시는 역시나 아직 별다른 움직임이 없다. 그렇다면 다시 서울 강남권이 반등할 경우 분당구를 중심으로 성남시 또한 반등할 가능성이 커지고 그 뒤를 이어 수원시가 상승할 것을 예상할 수 있으며 그다음으로 의정부시가 상승하는 패턴을 보일 가능성이 크다.

이처럼 과거 패턴을 분석해보면 향후 어느 지역이 오를 것인지 예측할 수 있다. 늦게 움직이기 시작하는 지역은 하락 시기 또한 늦어지기 때문에 언제 사야 할지, 그리고 언제 팔아야 할지를 결정하는 데 큰 도움이 된다.

이와 같은 패턴은 '한국감정원 부동산 통계정보(http://www.r-one.co.kr)' 사이트에서 쉽게 확인할 수 있다.

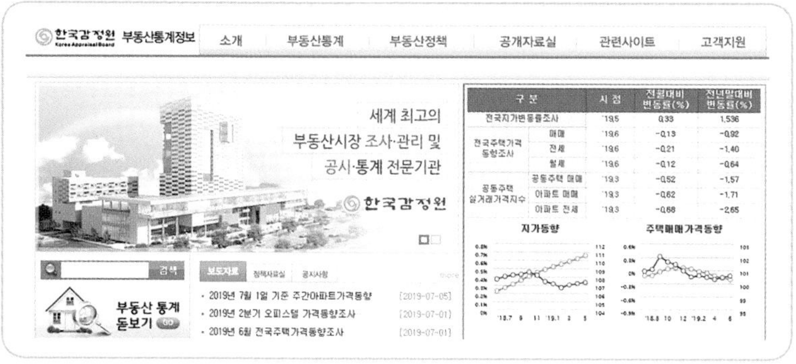

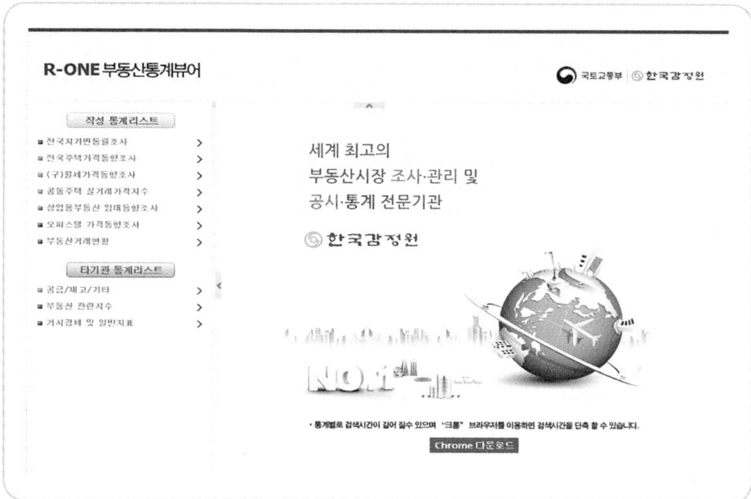

출처: 한국감정원 부동산 통계정보

STEP 3

부동산 정책에도 좌지우지되지 않는 법

규제 정책이 발표되면 부동산 가격은 하락할까?

정부의 역할 중 하나는 경제를 성장시키는 동시에 물가를 안정시키는 것이다. 여기서 물가를 안정시킨다는 의미는 경제가 성장하는 만큼 물가도 일정하게 우상향할 수 있도록 관리한다는 뜻이다.

소비자물가지수 그래프에 따르면, 한국은 매우 양호한 지표를 보이고 있다. 하지만 문제는 부동산, 그중에서도 주택, 나아가 아파트 가격이다. 즉, 아파트 가격도 물가처럼 평탄하게 우상향하도록 관리해야 하는데 다음 그래프를 보면 참 어려운 일임을 알 수 있다.

● 소비자물가지수 추이 ●

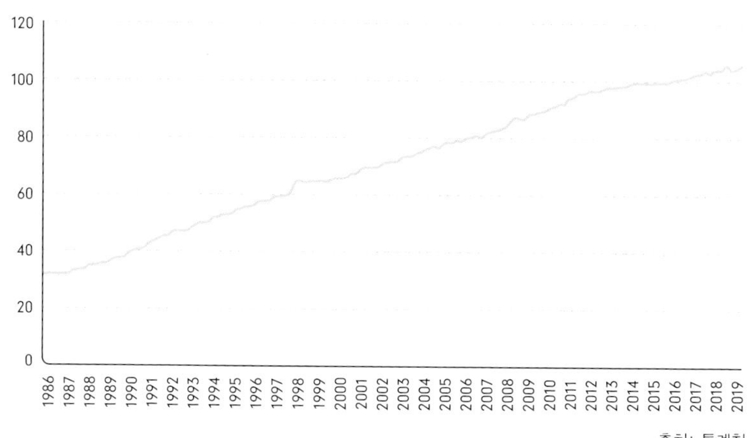

출처: 통계청

● 소비자물가지수와 지역별 아파트 매매가격지수 추이 ●

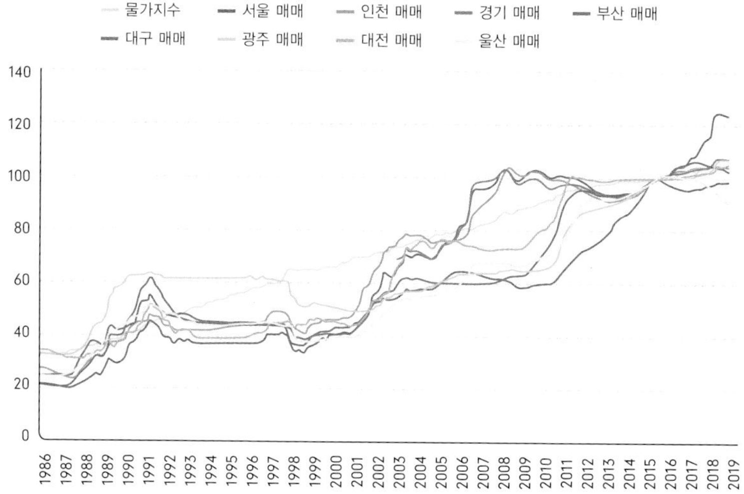

출처: KB부동산, 통계청 데이터를 토대로 작성

● 소비자물가지수와 아파트 매매가격지수 추이 ●

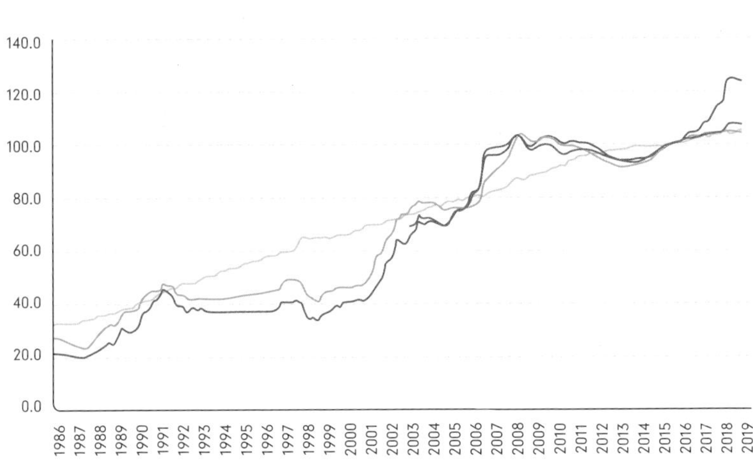

출처: KB부동산, 통계청 데이터를 토대로 작성

소비자물가지수는 가지런하게 우상향하는 데 비해 아파트 매매가격지수는 그야말로 뒤죽박죽이다. 오를 때는 많이 오르지만 떨어질 때도 야속하리만큼 인정사정없다. 특히 서울을 중심으로 한 수도권을 보면 롤러코스터처럼 오르내리는 폭이 커서 투자자 입장에서는 혼란스러울 따름이다. 정부는 집값이 떨어져도 비난 받지만 오르면 더 많은 비난을 받는다.

이러한 굴곡을 최대한 줄이기 위해 정부는 수도권 주택시장의 분위기에 따라 다양한 부동산 정책을 내놓게 된다. 좀 더 정확히 말하자면 부동산 정책은 서울의 움직임에 포커스가 맞춰져 있다.

부동산 가격을 결정하는 요소는 앞서 설명했듯 공급이 가장 크게 작용한다. 그 틀 안에서 사람들의 심리가 어떻게 움직이느냐에 따라 오르내리는 시기와 폭이 결정된다. 즉, 가격을 결정하는 데 사고파는 사람들의 심리도 중요한 역할을 한다는 뜻이다. 아래 그래프는 이러한 심리를 수치화한 것이다.

사겠다는 심리(매수심리)와 팔겠다는 심리(매도심리) 중 매도심리 대비 매수심리가 얼마나 더 큰지를 수치화한 것이 '매수우위지수'이다. 간단히 설명하면 곡선이 위로 치솟을수록 매수심리가 강한 것이고 아

● 서울의 매수우위지수 추이 ●

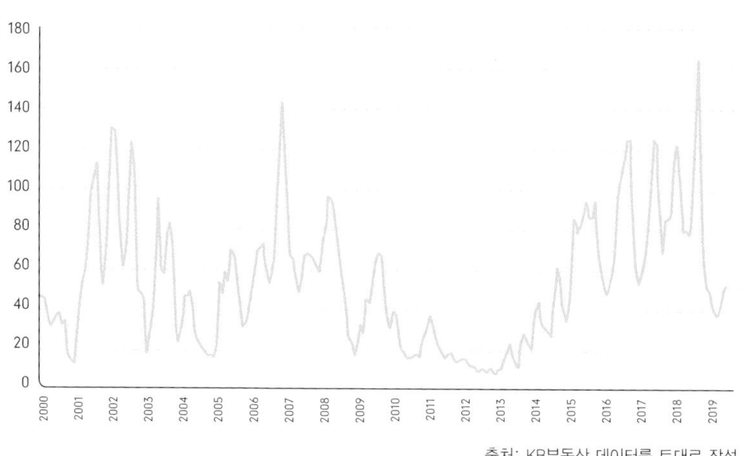

출처: KB부동산 데이터를 토대로 작성

● 서울의 매수우위지수 · 매매가격지수 추이 ●

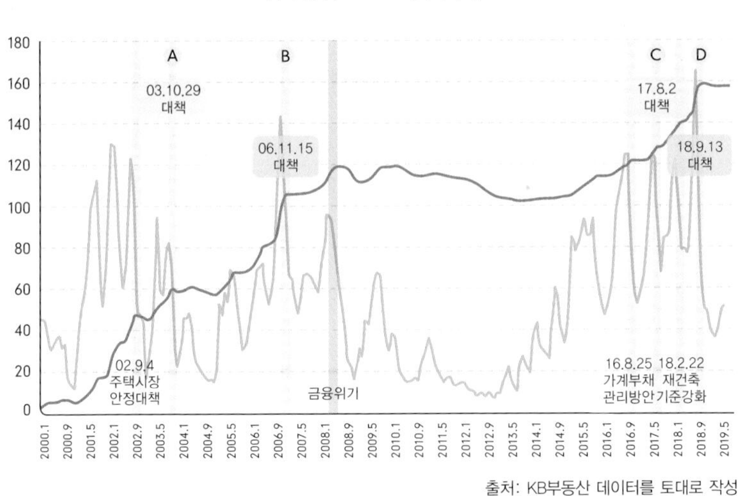

출처: KB부동산 데이터를 토대로 작성

래로 내려갈수록 매수심리가 약한 것이다. 이러한 심리에 영향을 주는 요인은 무엇일까? 여러 가지가 있겠지만 큰 비중을 차지하는 것이 바로 정부의 부동산 정책이다.

위 그래프에서 분홍색 막대 부분은 정부의 부동산 대책이 발표된 시점이다. 부동산 대책이 발표될 때마다 매수심리가 크게 곤두박질쳤다는 것을 알 수 있다. 특히 A, B, C, D 시점에 발표된 부동산 정책은 매우 강력했다. 2003년 10·29 대책과 2017년 8·2 대책은 양도세 강화에 중점을 둔 정책이고 2006년 11·15 대책과 2018년 9·13 대책은 부동산 담보 대출 규제에 중점을 둔 정책이었다. 이와 같은 부동산 정책 발표 시점의 심리 변화는 부동산 가격에 어떤 영향을 미쳤을까?

그래프의 붉은색 선은 서울의 매매가격지수를 나타낸다. 부동산 대책이 발표되면서 심리지수가 마치 자이로드롭처럼 급락했지만 매매가격은 잠시 소폭의 하락 또는 보합을 거쳐 다시 상승했다. 상식적으로 매매가격 또한 하락했으리라 생각했지만 실제로는 아니었다. 부동산 대책은 매수심리를 크게 하락시키지만 매수심리는 시장의 흐름이 살아 있는 한 일정수치 밑으로 떨어지지 않았으며 매매가격도 하락하지 않았다. 여기서 말하는 일정수치는 대략 20포인트 정도이다. 과거 사례를 보면 매수우위지수가 20포인트 미만으로 떨어졌을 때부터 매매가격도 하락했다.

결국 부동산 대책으로 인해 매매가격이 하락세로 접어들었던 사례는 역사적으로 단 한 차례도 없었다. 오히려 하락 국면으로 전환되는 계기가 되었던 구간은 보라색 막대 부분인데 이때는 부동산 대책이 발표된 시점이 아닌, 미국발 금융위기 시기였다. 즉, 외부적인 경제 충격이 있은 후부터 서울의 집값이 하락세로 접어든 것이다.

그런데 이보다 더 근본적인 원인이 있다. 서울의 집값은 10년 가까이 상승세를 이어오면서 가격 위치가 매우 높은 수준까지 올라왔기에 조정이 불가피한 상황이었다. 즉 그 모멘텀이 바로 금융위기였다고 해석하는 쪽이 더 합리적이다.

결론적으로 서울의 집값이 하락 국면으로 접어든 원인은 부동산 대책 때문이 아니라 부동산 시장의 원리와 흐름에 의해서였다.

이 사실은 실수요자가 내 집을 마련하는 데 있어서도, 부동산 투자를 함에 있어서도 매입 시기를 결정하는 데 매우 중요한 의미를 가진다. 부동산 대책은 양도세와 종부세 부담을 늘리고 주택담보대출 한도를 줄이거나 불가능하게 함으로써 일시적으로 상승을 억제시킬 순 있어도 시장의 흐름을 거스르는 방향으로 작용한 경우는 없었다.

기준금리가 상승하면 부동산 가격은 하락할까?

기준금리가 오르면 일반적으로 부동산 담보대출의 금리도 오르기 때문에 금리 인상은 부동산 가격에 부정적인 영향을 미친다는 것이 흔히 알고 있는 상식이다. 하지만 과연 그럴까?

다음 그래프는 한국과 미국의 기준금리 추이를 나타낸 자료이다. 어느 나라건 미국의 기준금리에 자유로운 나라는 없다. 한국의 경우도 마찬가지다. 일차적인 영향으로는 미국 금리가 한국 금리보다 높아질 경우 외국인 자금이 한국을 이탈하여 미국으로 빠져나갈 수 있다. 돈이란 금리가 높은 쪽으로 움직일 수밖에 없는 매우 당연한 속성 때문에 그렇다. 특히 외환위기를 겪은 경험이 있는 한국으로서는 이런 금리역전 현상이 신경 쓰일 수밖에 없다.

미국은 2008년 금융위기를 시작으로 기준금리를 급격하게 내려서 명목상 제로금리를 유지하다가 경기가 회복하자 급격히 기준금리를 올리다 2018년 3월 한국의 기준금리를 역전했다.

● 국가별 기준금리 추이 ●

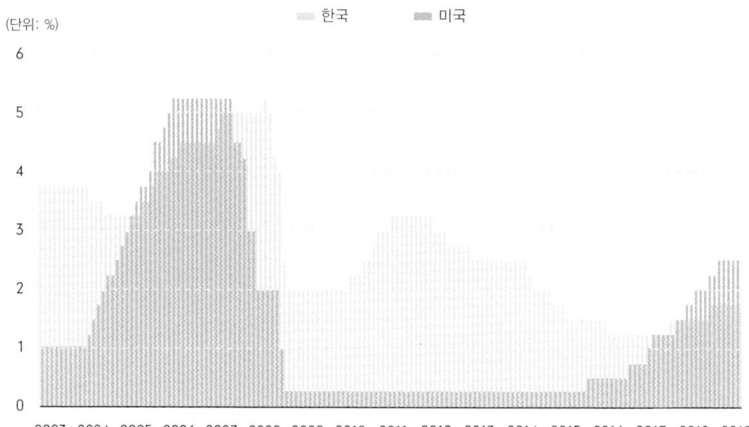

출처: 트레이딩 이코노믹스 데이터를 토대로 작성

이후 미국은 계속해서 금리인상을 예고하고 있어 한국의 입장에서는 경제 여건이 썩 좋지 않음에도 기준금리 인상을 고민해야 하는 실정에 놓여 있다.

그래프의 파란색 막대가 한국의 기준금리를 나타낸다. 2016년 6월부터 역사상 최저금리였던 1.25%를 유지하다 미국의 급격한 기준금리 인상의 영향으로 2017년 7월부터 상승 국면으로 접어들었고 2019년 7월 8일 현재 1.75%를 유지하고 있다.

그렇다면 기준금리와 아파트 매매가격은 어떤 상관관계가 있을까? 다음은 기준금리와 아파트 매매가격지수를 나타낸 그래프이다.

A, B, C 구간은 한국 기준금리가 저점을 찍고 상승했던 구간이다. 아파트 매매가격지수의 경우 수도권과 지방의 패턴이 확연히 차이가 나기 때문에 분리해서 살펴봐야 한다.

오른쪽 아래는 지방 아파트의 매매가격지수 그래프이다.

A 구간은 미국이 기준금리 1%를 유지하다 2004년부터 급격하게 금리를 인상하기 시작해 급기야 한국의 기준금리를 추월했던 시점이다. 이에 한국은 자체적인 경제성장 요인보다 미국의 영향으로 기준금리를 인상하게 되는, 2018년과 비슷한 상황이었다. 한국의 기준금리도 급격히 상승하는 가운데 지방 아파트의 매매가격은 어땠을까? 그래프를 보면 대전과 대구는 약간의 하락세를 보였지만 부산은 별다른 변동이 없었으며 광주와 울산의 경우 오히려 상승했다. 즉, 뚜렷한 일관성이 없었다.

B 구간은 미국과 상관없이 한국의 자체적인 경제호황으로 기준금리를 인상했던 구간이다. 재미있는 사실은 지방 아파트의 매매가격이 이 구간 동안 일제히 급등했다는 것이다. 그리고 A 구간의 초입 단계와 비슷한 현재의 C 구간에서 부산과 울산은 하락하고 대구, 광주, 대전은 상승하는, 과거의 A 구간처럼 일관성 없는 모습을 보여주고 있다.

정리하자면 지방 아파트의 경우 미국 기준금리 상승의 영향으로 한국 기준금리가 상승하는 구간에서는 기준금리와의 상관관계를 찾아볼 수 없었으며, 한국의 독자적인 기준금리 상승 구간에서는 오히려 가격이 상승했다.

그렇다면 수도권은 어땠을까?

● 기준금리와 아파트 매매가격지수 추이 ●

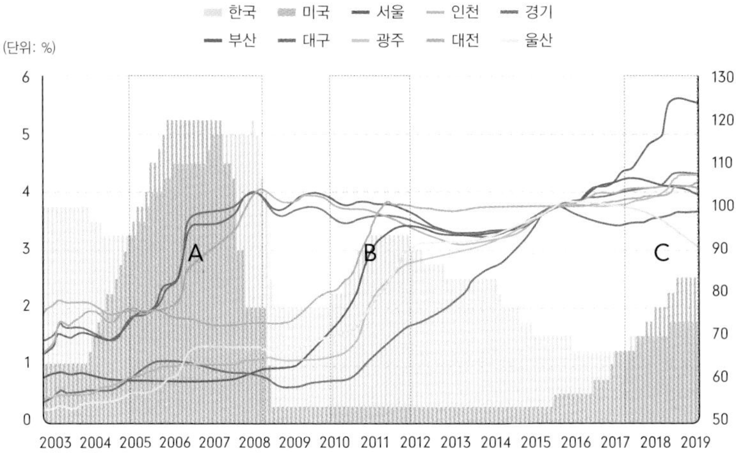

출처: 트레이딩 이코노믹스, KB부동산 데이터를 토대로 작성

● 기준금리와 아파트 매매가격지수 추이(지방) ●

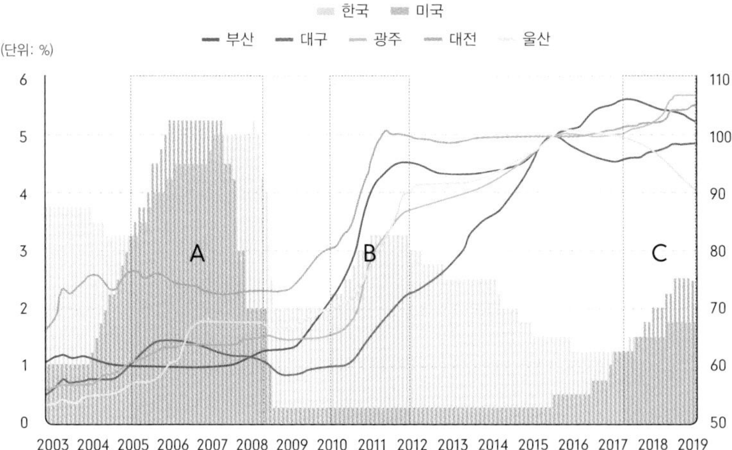

출처: 트레이딩 이코노믹스, KB부동산 데이터를 토대로 작성

● 기준금리와 아파트 매매가격지수 추이(수도권) ●

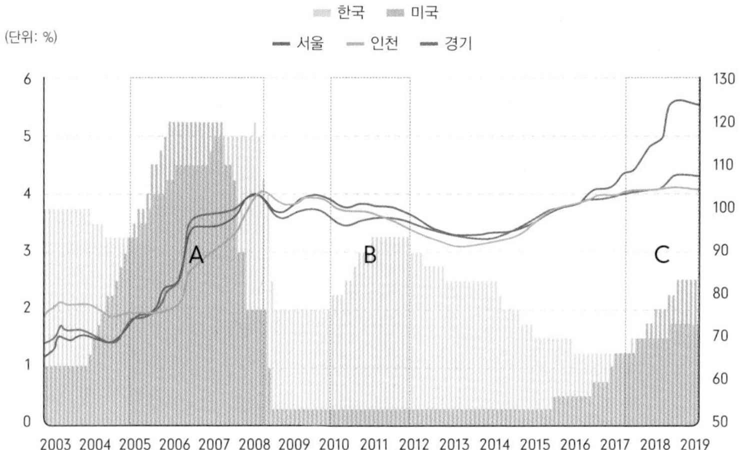

출처: 트레이딩 이코노믹스, KB부동산 데이터를 토대로 작성

A 구간에서 수도권 아파트의 매매가격 또한 한국의 기준금리가 인상되기 시작하는 타이밍에 맞춰 함께 급등했다. 우리가 알고 있는 상식과 정반대의 결과가 나타난 것이다. 한국의 독자적인 기준금리 상승 시기인 B 구간에서는 서울, 인천, 경기 모두 하락세를 보였다. 하지만 이후 기준금리가 하락하는 구간에서 수도권은 오히려 더 큰 하락세를 보였기 때문에 하락의 원인을 기준금리 인상으로 단정 짓기에는 무리가 있다.

그리고 현재의 C 구간에서도 과거 A 구간과 비슷하게 서울은 급등했고 뒤를 이어 경기, 인천이 상승세를 보이고 있다. 결과적으로 기준금리가 상승하면 부동산 가격, 특히 아파트 가격이 하락한다는 것은 대단히 잘못된 상식이었다.

기준금리는 아파트 가격과 별다른 상관이 없거나 기준금리가 상승하면 아파트 가격도 상승한다는 논리가 더 현실성이 있다고 할 수 있다. 그러니 서울 집값을 잡기 위해 금리를 올려야 한다는, 빈대 잡겠다고 초가삼간을 다 불태우는 격인 이상한 논리는 더 이상 언급되지 않았으면 한다.

PART 3

무조건 더 싸게 사야 이긴다

STEP 1

부동산도 할인 받아 산다

부동산 평생 할인카드 '경매'

"결제할 때 꼭 할인 받고 적립도 잊어버리면 안 돼!"

빵을 사러 가는 길, 아내가 급하게 전화해 말했다. 할인 및 적립 등 싸게 살 수 있는 방법을 총동원하는 것이 어느덧 일상적인 소비문화로 자리 잡았다. 실생활에서 빵 하나를 사면서도 각종 할인카드와 적립카드를 챙기면서 몇 억이 왔다 갔다 하는 비싼 부동산을 살 때는 왜 할인 받을 생각을 하지 않는 것일까? 부동산을 할인 받아 살 수 있는 카드, 이 카드는 다름 아닌 부동산 경매이다.

사례 분석 1

출처: 직방

서울 중랑구 신내동에 위치한 중앙하이츠 아파트 전용면적 84㎡ 일반층의 시세는 2019년 7월 중순 기준 4억 3,500만 원이다.

그런데 부동산 경매라는 카드를 써서 매입한 금액은 아래와 같이 3억 9,100만 원이다. 약 10% 정도 할인 받았고 할인 받은 금액은 무려 4,400만 원이다.

2017타경100857 • 서울북부지방법원 본원 • 매각기일 : 2019.06.10(月) (10:00) • 경매 4계(전화:02-910-3674)

소재지	서울특별시 중랑구 신내동 479 외 1필지, 중앙하이츠아파트 5동 9층 ○○호 도로명주소검색		
새주소	서울특별시 중랑구 봉화산로56길 145-1, 중앙하이츠아파트 5동 9층 ○○호		
물건종별	아파트	감정가	317,000,000원
대지권	38.01㎡(11.498평)	최저가	(100%) 317,000,000원
건물면적	84.97㎡(25.703평)	보증금	(10%) 31,700,000원
매각물건	토지·건물 일괄매각	소유자	○○○
개시결정	2017-02-17	채무자	○○○
사건명	강제경매	채권자	○○○
관련사건	2018타경5539(중복)		

오늘조회: 1 2주누적: 12 2주평균: 1 조회동향

구분	입찰기일	최저매각가격	결과
	2018-02-26	317,000,000원	변경
1차	**2019-06-10**	**317,000,000원**	
낙찰 : 391,000,000원 (123.34%)			
(입찰37명, 낙찰: 인천광역시 ○○○○○ / 차순위금액 382,000,100원)			
매각결정기일 : 2019.06.17 - 매각허가결정			
대금지급기한 : 2019.07.19			

출처: 굿옥션

사례 분석 2

출처: 직방

할인폭이 더 큰 사례를 살펴보자. 지난 5년 동안 시세가 두 배 이상 오른 건물들이 즐비한 서울 서초구에 위치한 아파트의 경매가 진행되었고 낙찰된 금액은 10억 6,210만 원이다.

이 아파트의 시세는 11억 7,000만 원 정도로 확인되는데 낙찰 받은 시점에는 이 가격에 살 수 없었다. 가장 저렴하게 나온 매물이 13억 원이었다. 즉,

2018타경3213 • 서울중앙지방법원 본원 • 매각기일 : 2019.06.04(火) (10:00) • 경매 3계(전화:02-530-1815)

소재지	서울특별시 서초구 우면동 753, 서초참누리에코리치 103동 12층○○○호 도로명주소검색		
새주소	서울특별시 서초구 양재대로2길 109, 서초참누리에코리치 103동 12층○○○호		
물건종별	아파트	감정가	1,100,000,000원
대지권	65.798㎡(19.904평)	최저가	(80%) 880,000,000원
건물면적	101.048㎡(30.567평)	보증금	(10%) 88,000,000원
매각물건	토지·건물 일괄매각	소유자	○○○
개시결정	2018-04-11	채무자	○○○
사건명	임의경매	채권자	○○○

오늘조회: 5 2주누적: 14 2주평균: 1 조회동향

구분	입찰기일	최저매각가격	결과
1차	2019-04-16	1,100,000,000원	유찰
2차	**2019-06-04**	**880,000,000원**	

낙찰 : 1,062,100,000원 (96.55%)

(입찰31명, 낙찰:화성시 ○○○ / 차순위금액 1,057,111,111원 / 차순위신고)

매각결정기일 : 2019.06.11 - 매각허가결정

대금지급기한 : 2019.07.19

출처: 굿옥션

매매	19.06.12.	서초참누리에코리치 올수리,최상급 매물	129B-1/101	102동	고/25	130,000 매경부동산
매매	19.06.11.	서초참누리에코리치 전망 너무 좋아 살고 싶은 집입니다	129C-1/101	106동	중/25	130,000 매경부동산
전세	19.07.11.	서초참누리에코리치 AA 수리된 집으로 조망권이 우수AA	148A-1/118	105동	중/25	90,000 매경부동산

출처: 네이버 부동산

이 아파트의 정가는 13억 원인데 부동산 경매라는 할인카드를 사용해서 10억 6,210만 원에 매입한 것이다. 할인율은 20%에 육박하며 할인 받은 금액은 무려 2억 3,800만 원 상당이다. 이처럼 부자가 되고 싶다면 빵값보다는 부동산을 할인 받아야 한다.

일반적으로 사람들이 경매라는 할인카드를 사용하지 않는 이유는 어렵고 위험성이 크다고 생각하기 때문이다. 하지만 경매란 생각보다 어렵지도 위험하지도 않다. 다음처럼 등기부 내용을 빠른 순서대로 정리한 상태에서 가장 위에 있는 권리가 근저당 또는 가압류일 경우 낙찰 후 잔금을 납부하면 등기부의 모든 권리가 지워지면서 낙찰자에게 소유권이 이전된다.

사례 분석1의 중랑구 아파트의 경우 등기부상의 가장 빠른 권리는 2009년 6월 22일에 설정된 근저당이기 때문에 낙찰 후 잔금을 납부하면 자신을 포함해서 그 아래에 있는 권리는 모두 지워진다. 즉, 등기

* **임차인현황** (말소기준권리 : 2009.06.22 / 배당요구종기일 : 2017.05.04)

임차인	점유부분	전입/확정/배당	보증금/차임	대항력	배당예상금액	기타
○○○	주거용 전부 (방3칸)	전 입 일: 2016.06.23 확 정 일: 2016.02.11 배당요구일: 2017.03.02	보150,000,000원	없음	배당순위있음	[현황서상 전:2012.01.31]
기타사항	☞전입세대주 조정욱(소유자)을 발견함					

* **등기부현황** (채권액합계 : 313,500,000원)

No	접수	권리종류	권리자	채권금액	비고	소멸여부
1(갑2)	2006.12.22	소유권이전(매매)	○○○		거래가액:184,000,000	
2(을3)	2009.06.22	근저당	○○○	253,500,000원	말소기준등기	소멸
3(갑3)	2015.05.21	가압류	○○○	60,000,000원	2015카단2496	소멸
4(갑4)	2017.02.20	강제경매	○○○	청구금액: 60,000,000원	2017타경100857, 차미사 가압류의 본 압류로의 이행	소멸
5(갑5)	2018.05.28	강제경매	○○○	청구금액: 106,772,602원	2018타경5539	소멸

출처: 굿옥션

부상에 남아 있는 권리는 아무것도 없는 상태에서 낙찰자에게 소유권이 이전된다. 소유권 이전 절차는 법원에서 책임지고 진행하기 때문에 일반 매매보다 오히려 더 안전하다.

그다음 살펴봐야 할 부분이 임차인이다. 등기부 맨 위에 근저당이나 가압류가 있을 경우 그 설정(접수)일자와 임차인의 전입일자를 비교해보면 된다.

근저당이나 가압류 설정일자보다 임차인의 전입된 날짜가 같거나 늦다면 임차인의 권리 또한 잔금 납부와 동시에 소멸된다. 즉, 임차인은 낙찰자가 잔금을 납부하는 날 집을 비워줘야 한다.

이 사건의 경우 등기부상 가장 빠른 권리가 근저당이고, 근저당 설정일자는 2009년 6월 22일이다. 임차인의 전입일자는 2016년 6월 23일로 가장 위에 있는 근저당보다 늦기 때문에 임차인은 낙찰자가 잔금을 내는 날 자신의 보증금을 반환 받는 여부와 상관없이 낙찰자에게 집을 인도해주어야(비워주어야) 하는 것이다.

임차인이 없다면 권리분석은 더 간단해진다. 앞서 설명한 대로 등기부상 가장 빠른 권리가 근저당 또는 가압류라면 더 이상 문제될 것이 없다.

사례 분석2의 서초구 아파트의 경우 가장 빠른 권리는 2015년 3월 19일에 설정된 근저당이므로 이 사건 또한 낙찰 후 잔금을 납부하면 등기부상 모든 권리는 소멸된다.

결과적으로 4,400만 원이나 싸게 낙찰 받은, 더불어 2억 3,800만 원이나 싸게 할인 받은 이 경매사건의 아파트들은 권리적으로 아무런 문제가 없다. 소유권 이전 과정은 공인중개업소의 중개를 통한 일반

• 임차인현황 (말소기준권리 : 2015.03.19 / 배당요구종기일 : 2018.06.27)

===== 임차인이 없으며 전부를 소유자가 점유 사용합니다. =====	
기타사항	☞본건 부동산을 방문하였으나 폐문부재이고, 관할 동사무소 전입세대 확인의뢰결과 본건에는 소유자세대 이외에 전입세대가 없으므로 소유자 점유로 추정됨(안내문을 출입문 틈에 끼워 두었음)

• 등기부현황 (채권액합계 : 1,701,480,561원)

No	접수	권리종류	권리자	채권금액	비고	소멸여부
1(갑2)	2014.03.05	소유권이전(매매)	○○○			
2(을7)	2015.03.19	근저당	○○○	616,000,000원	말소기준등기 확정채권대위변제 전: 우리은행	소멸
3(을8)	2015.03.19	근저당	○○○	135,200,000원	확정채권양도 전: 에스비아이저축은행	소멸
4(을9)	2015.03.26	근저당	○○○	200,000,000원		소멸
5(갑5)	2017.02.03	가압류	○○○	200,000,000원	2017카단801049	소멸
6(갑6)	2017.10.13	가압류	○○○	270,442,792원	2017카단2879	소멸
7(갑7)	2017.11.21	가압류	○○○	9,814,189원	2017카단46278	소멸
8(갑8)	2017.12.01	가압류	○○○	20,369,498원	2017카단816227	소멸
9(갑9)	2018.01.19	가압류	○○○	112,674,021원	2018카단60112	소멸
10(갑10)	2018.01.26	가압류	○○○	130,546,318원	2018카단801384	소멸
11(갑11)	2018.02.05	압류	○○○			소멸
12(갑12)	2018.04.06	가압류	○○○	6,433,743원	2018카단34495	소멸
13(갑13)	2018.04.11	임의경매	○○○	청구금액: 565,520,174원	2018타경3213	소멸

출처: 굿옥션

적인 매입 방식보다 오히려 더 안전하다.

이처럼 낙찰 후 낙찰자가 추가적으로 책임져야 할 문제가 있는지 여부를 살펴보는 것을 권리분석이라 하는데 다시 한 번 요약해보자.

등기부 순서상 가장 위에 있는 권리가 근저당 또는 가압류일 경우,

임차인이 있는데 전입일자가 위 근저당 또는 가압류보다 같거나 늦을 경우,

낙찰자가 추가적으로 책임져야 할 문제는 없다.

이렇게 간단한 사실만 알고 있어도 경매로 진행되는 80% 이상의 물건에 입찰하여 부동산을 할인 받아 살 수 있다. 경매라는 매각방법은 대한민국의 자본주의 체제가 존속하는 한 계속될 것이며 참여 횟수도 제한이 없다. 부동산 경매란 유효기간과 한도가 무제한인 부동산 평생 할인카드와 같다.

부동산 할인 코드(중복할인 받는 방법)

"이 상품은 할인폭이 커서 중복할인이 안 돼요."

30% 세일 중인 옷을 골라 계산하면서 할인카드를 내밀었더니 돌아온 답변이었다. 백화점이나 쇼핑몰에서 종종 경험하는 상황일 것

이다.

하지만 부동산의 경우는 다르다. 오히려 세일 중인 아파트를 더 싸게 할인 받아 살 수 있는 카드가 바로 부동산 경매다.

부동산도 시장 분위기가 좋지 않으면 세일에 들어간다. 5%를 할인해보고 그래도 안 팔리면 10%, 심할 때는 20~30%를 할인해서 팔 때도 있다. 10만 원짜리 옷에 비한다면 할인되는 금액이 어마어마하다. 3억 원짜리 아파트를 10%만 할인해도 3,000만 원을 할인 받는 것이다.

재미있는 사실은 옷을 세일할 때는 많은 사람들이 사겠다고 몰려드는데 아파트를 세일할 때는 별로 관심을 갖지 않는다는 점이다. 적게는 몇 천만 원에서 많게는 몇 억 원을 할인해도 쉽사리 사려 하지 않는다.

바로 이때가 내 집 마련의 기회이자 투자의 기회이다. 원래의 집값에서 30%를 할인 받으면서 부동산 경매라는 할인카드를 제시해 추가로 10~20% 정도를 더 할인 받을 수 있다.

사례 분석 1

서울 영등포구 여의도동에 위치한 금호리첸시아 아파트 전용 119㎡ 매매가격 그래프다. 이 아파트의 정가는 한때 A 지점에 해당되는 11억 원이었다. 하지만 사람들이 너무 비싸다고 외면하기 시작하

● 여의도 금호리첸시아(전용 119㎡) 매매가 추이 ●

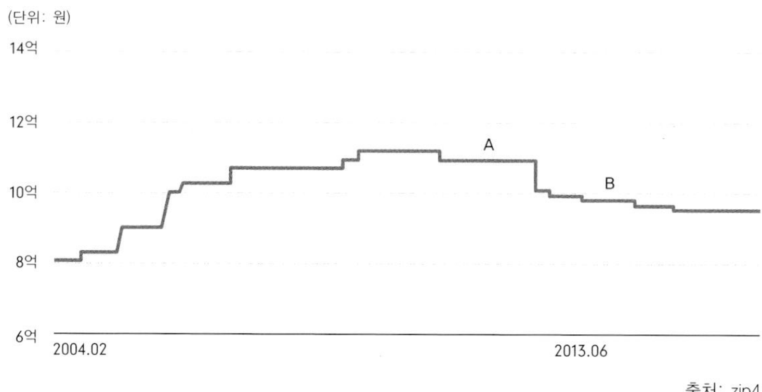

출처: zip4

니 B 지점처럼 정가를 10억 원으로 내려서 판매했다.

한곳이 팔린 이후 더 이상 사는 사람이 없자 5%를 더 할인한다. 그래도 분위기가 살아나지 않자 과감하게 15% 이상 할인해 8억 3,000만 원에 판매를 시작한다. 정가보다 무려 1억 7,000만 원이나 싸게 판 것이다.

그렇다면 이 시점은 팔아야 할 타이밍일까, 사야 할 타이밍일까? 판단이 서지 않는다면 앞서 배웠

← 여의도금호리첸시아

2014.03	매매 8억5,000	24층
2014.02	전세 5억5,000	27층
2014.01	매매 8억7,000	36층
2013.12	매매 8억3,000	29층
2013.09	월세 3,000/270	15층
2013.06	전세 5억	23층
2012.12	매매 8억8,000	9층
2012.12	전세 5억5,000	18층
2012.09	월세 5,000/250	25층
2012.07	월세 5,000/240	23층
2012.07	전세 5억5,000	30층
2012.06	매매 9억5,000	35층
2012.05	매매 9억3,500	15층
2012.04	매매 10억	24층

출처: 직방, 국토교통부 실거래가

● 여의도 금호리첸시아(전용 119㎡) 매매가·물가지수 추이 ●

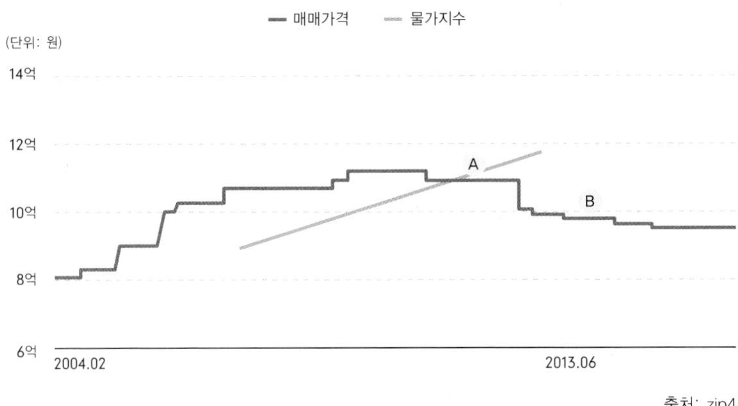

출처: zip4

던 소비자물가지수를 대입해보자.

당연히 사야 할 타이밍이다. 이 상황에서 추가로 중복할인까지 받을 수 있는 카드가 바로 부동산 경매이다.

사례 분석 2

앞서 예로 든 여의도 금호리첸시아 아파트 전용 119㎡가 2013년 6월 7억 2,400여만 원에 낙찰되었다. 15% 이상 세일을 하고 있는 중에 경매라는 할인카드로 12%를 추가 할인 받았다.

2012타경11997 • 서울남부지방법원 본원 • 매각기일 : 2013.06.26(水) (10:00) • 경매 1계(전화:02-2192-1331)

소재지	서울특별시 영등포구 여의도동 61, 여의도금호리첸시아 15층 비○○○호		
물건종별	아파트	감정가	1,000,000,000원
대지권	17.6㎡(5.324평)	최저가	(64%) 640,000,000원
건물면적	119.21㎡(36.061평)	보증금	(10%) 64,000,000원
매각물건	토지·건물 일괄매각	소유자	○○○
개시결정	2012-05-08	채무자	○○○
사건명	임의경매	채권자	○○○

오늘조회: 1 2주누적: 0 2주평균: 0

구분	입찰기일	최저매각가격	결과
1차	2013-04-17	1,000,000,000원	유찰
2차	2013-05-28	800,000,000원	유찰
3차	**2013-06-26**	**640,000,000원**	

낙찰 : 723,900,000원 (72.39%)
(입찰8명, 낙찰:서울시 영등포구 ○○○ / 차순위금액 713,833,000원)
매각결정기일 : 2013.07.03 - 매각허가결정
대금지급기한 : 2013.08.09
대금납부 2013.08.09 / 배당기일 2013.09.11
배당종결 2013.09.11

출처: 굿옥션

● 여의도 금호리첸시아(전용 119㎡) 시세 대비 낙찰가 ●

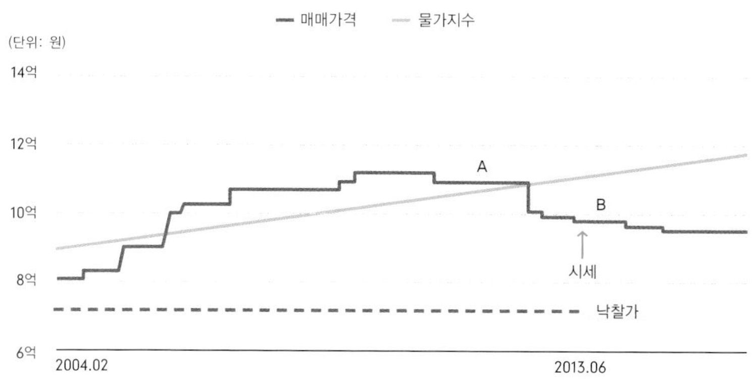

출처: zip4

● 여의도 금호리첸시아(전용 119㎡) 매매가 추이 ●

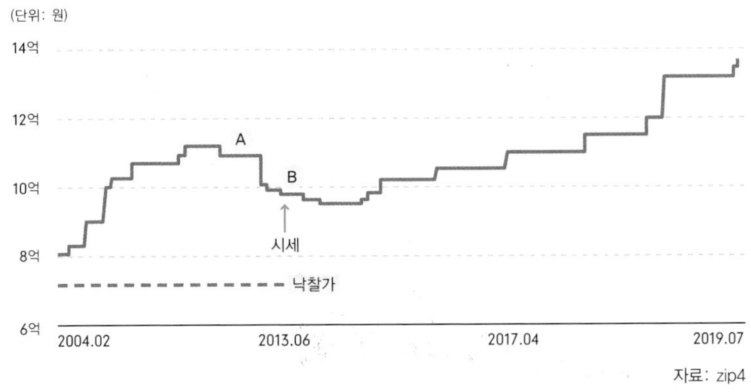

가격이 떨어지고 있는 B 지점의 경우 아무리 할인을 한다 해도, 물가지수를 대입한 결과 사야 하는 타이밍이라 여겨진다 해도, 더 떨어질 것이란 우려 때문에 선뜻 매입을 결정하기 어려울 수 있다. 하지만 큰 폭으로 할인 받아 싸게 산다면 전혀 문제될 것이 없다.

그러나 냉정하게, 그리고 차분하게 한번 생각해보자. 이 아파트의 역대 최저가격은 2004년, 8억 원이었다. 낙찰 받은 시점인 2013년을 기준으로 무려 9년 전이다. 다시 최저점까지 가격이 하락할 가능성은 어느 정도일까? 9년 동안 물가는 계속해서 올랐는데 부동산 가격이 다시 9년 전으로 돌아가는 일이 가능할까? 물론 수요가 확연히 줄어든다면 가능할 수도 있다. 그런데 서울에, 그것도 여의도에 위치한 아파트의 수요가 줄어들 리는 없다. 결국 1부에서 배웠던 인플레이션에 힌트가 있다.

그럼에도 매입하기 불안하다면 이처럼 시세보다 엄청나게 할인을 받아서 사면 된다. 낙찰 받은 가격이 7억 2,400만 원이었으니 만에 하나 과거 최저가인 8억 원까지 가격이 떨어진다 해도 손해는커녕 오히려 수익을 낼 수 있는 가격이다. 하지만 이 아파트는 2009년 최고점에 도달한 이후 계속해서 시세가 하락했고 앞서 언급했듯이 현재의 가격은 물가지수에도 크게 미치지 못하는 위치에 있다. 즉, 향후 가격이 상승할 가능성이 매우 높은 상황에 놓여 있는 것이다.

출처: 직방

과연 이 시점 이후 아파트의 가격은 어떻게 움직였을까?

2019년 7월 이 아파트의 시세는 13억 8,000만 원이다. 다시 한 번 상기하자면 낙찰가는 7억 2,400만 원이었다.

부동산 경매는 세일 기간에도 추가로 중복할인을 받을 수 있는 슈퍼카드 역할을 한다. 부동산 투자를 하면서 절대 실패하지 않는 방법은 바로 이런 것이다.

"쌀 때 더 싸게 사면 무조건 이기는 투자를 할 수 있다."

STEP 2

절대 손해 보지 않는 최고의 원칙

부동산을 더 싸게 사야 하는 이유

나는 지난 10여 년간 부동산에 투자했다. 처음 투자를 시작할 때의 전재산이었던 전세금 3,000만 원으로 수십억 원의 순자산을 만들었다. 단 한 번도 부동산 투자로 손해를 본 적이 없었기 때문에 이와 같은 성과를 낼 수 있었다. 그 비결은 부동산 경매를 통해 처음 살 때부터 싸게 샀기 때문이었다.

부동산 투자는 산술적으로 계산했을 때 주식보다 훨씬 어려운 투자 방식이다. 부동산은 매입해서 보유하고 되파는 과정에서 주식보다 훨씬 많은 비용이 들기 때문에 집값이 오르지 않거나 오른다 해도 상승폭이 작다면 손해를 볼 수밖에 없는 구조다.

예를 들어, 아파트를 2억 원에 매입해 이후 2년 동안 전세 1억 8,000만 원으로 임대하고 만기 시점에 맞춰 매도했다고 가정해보자. 이는 일반적인 아파트 투자의 한 사이클로 모든 과정에서 지출되는 비용은 다음과 같다.

매입가	2억 원
매입 시 중개보수비	⊕ 80만 원
취득세 및 등기비	⊕ 280만 원
인테리어 및 수리비	⊕ 500만 원
재산세	⊕ 50만 원(2년분)
매도 시 중개보수비	⊕ 80만 원
	⊕ α(2억 원에서 초과된 비율만큼의 중개보수비)
합계	**= 2억 990만 원+α**

2억 원에 아파트를 매입했다면 최소 1,000만 원 이상 가격이 상승해 2억 1,000만 원 이상으로 매도해야만 최소 몇 만 원의 수익이라도 거둘 수 있다. 따라서 부동산 시장의 흐름을 공부하고 이를 적용하여 투자를 진행해야 하는 것이다. 만약 2년 후 매도 시점에서 가격이 오

르지 않았다면, 하물며 가격이 떨어졌다면 손해는 더 커진다.

미래의 일은 누구도 정확히 예측할 수 없다. 하지만 처음 살 때부터 시세보다 싸게 샀다면 최악의 경우에도 리스크를 없애거나 최소한으로 줄일 수 있다. 게다가 자신이 목표로 하는 수익이 날 때까지 기다릴 수 있는 심리적 여유도 가질 수 있게 된다. 이와 같은 안정적인 투자를 할 수 있는 가장 좋은 방법이 바로 부동산 경매다.

다음은 대전광역시의 매매가격지수, 소비자물가지수, 입주물량을 함께 나타낸 그래프다.

● 대전의 매매가격지수·소비자물가지수·입주물량 추이 ●

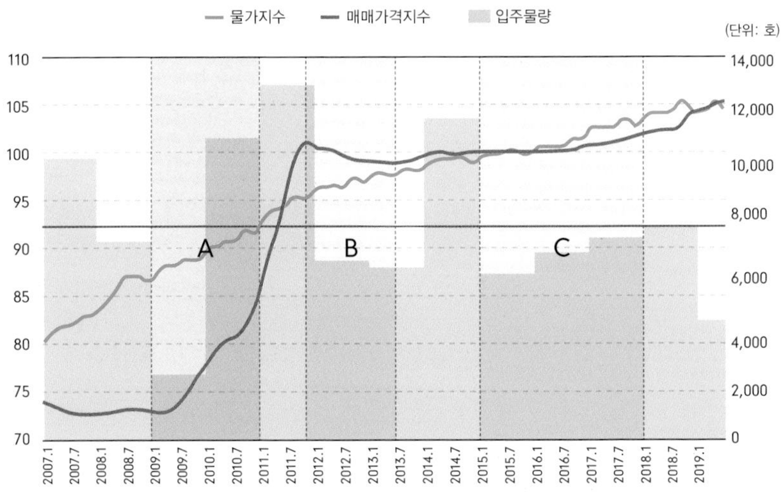

출처: KB부동산, 통계청, 부동산지인 데이터를 토대로 작성

대전광역시의 매매지수는 물가지수에도 미치지 못하는 위치에 있다가 A 구간인 2009년 입주물량이 부족한 시기에 맞춰 급상승하기 시작했다. B 구간인 2011년 입주물량 폭탄에 의해 상승세를 멈추고 하락세로 접어들면서 지루한 보합세를 이어갔다.

C 지점의 시작인 2015년, 가격 위치가 물가지수와 비슷한 상태에서 입주물량도 크게 줄어들면서 수요보다 공급이 부족해지기 시작했기 때문에 가격 상승을 기대해 볼 수 있는 분위기였다. 미분양 또한 비교적 낮은 수치를 유지하고 있는 가운데 C 구간에서는 점차 줄어드는

● 대전의 매매가격지수 · 미분양수 추이 ●

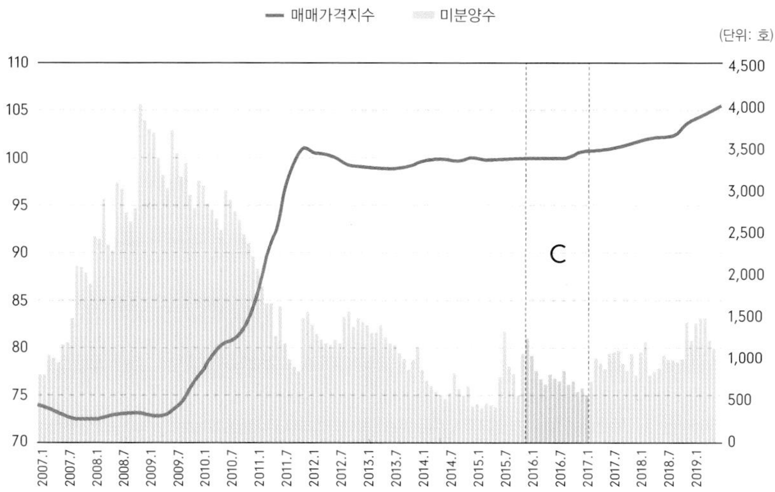

출처: KB부동산, 통계청, 부동산지인 데이터를 토대로 작성

흐름을 보여주고 있었기 때문에 상승 가능성은 더 높아보였다.

하지만 그래프에 나타났듯 C 구간 동안 매매가격은 별다른 움직임을 보이지 않았다. 이유는 단연코 세종시의 엄청난 입주물량이라 볼 수 있다. 대전에 거주하는 사람들에게 가장 살고 싶은 지역이 어디냐고 물으면 대부분이 세종시라고 답변한다는 일화가 있을 정도니 세종시의 입주물량은 대전에 직격탄이 되기 충분하다.

만약 C 구간인 2016년 아파트를 매입했다면 어땠을까? 한 사이클이 지나 2018년에 매도할 경우 수익은 고사하고 손해를 볼 수도 있었을 것이다.

실제로 '투자 좀 한다'는 많은 사람들이 이 시기에 집중적으로 매입했던 지역의 한 아파트를 예로 들어보자. 특정 지역의 부동산공인중개사무소를 가보면 "벌써 관광버스가 왔다갔어요"라는 말을 들을 수 있다. 누군가의 주도로 수십 명의 사람들이 집단적으로 매입한 것이다. 이런 집단행동은 해당 단지의 일시적인 매물 소진으로 소폭의 가격 상승을 이끌기도 하지만 결국 실수요자가 따라붙지 않는다면 그 이상의 가격 상승이 일어나기에는 한계가 있다. 좋은 예가 바로 대전이다.

다음은 대전 서구 둔산동에 위치한 향촌아파트 전용면적 84㎡의 2016년 1월 실거래가격이다. 저층을 제외하고 2억 5,000만 원에서 2억 7,000만 원 사이에 거래되었다.

이때 만약 2층을 2억 3,000만 원에 매입하여 2억 원에 전세를 놓았다면 투자금은 3,000만 원 + α(등기비용, 수리비 등)가 된다.

2년 후 실거래가격을 살펴보면 2억 5,800만 원에서 2억 7,400만

계약월	매매		전세		월세	
	거래금액(만원)	층	거래금액(만원)	층	거래금액(만원)	층
2016.01	27,000	13	21,000	11	2,000/60	8
	25,300	7	20,000	10	-	
	25,000	5	20,000	14	-	
	25,000	5	20,000	1	-	
	23,000	2	18,000	7	-	
	20,200	1	-		-	

출처: 네이버 부동산, 국토교통부 실거래가

원 사이에 거래되고 있다. 평균 1,000만 원 정도 상승했다고 볼 수 있다. 따라서 앞서 예로 든 2층의 경우 2억 4,000만 원 정도에 매도가 가능할 것이다. 그렇다면 둔산동 향촌아파트 84㎡를 2016년 1월,

계약월	매매		전세		월세	
	거래금액(만원)	층	거래금액(만원)	층	거래금액(만원)	층
2018.01	27,400	7	21,000	13	5,000/50	2
	26,900	10	-		3,000/70	14
	26,900	12	-		2,000/80	8
	26,850	12	-		-	
	26,750	6	-		-	
	26,500	4	-		-	
	25,800	10	-		-	

출처: 네이버 부동산, 국토교통부 실거래가

2억 3,000만 원에 매입해서 전세 2억 원으로 임대하고 2년 후 2억 4,000만 원에 매도할 경우 발생하는 수익은 다음과 같다.

매입가	2억 3,000만 원
매입 시 중개보수비	+ 92만 원
취득세 및 등기비	+ 330만 원
인테리어 및 수리비	+ 500만 원
재산세	+ 60만 원(2년분)
매도 시 중개보수비	+ 96만 원
합계	= 2억 4,078만 원
매도	2억 4,000만 원
차익	**− 78만 원**

집값이 1,000만 원 올랐지만 오히려 78만 원의 손해가 발생했다. 그나마 1,000만 원이라도 올랐으니 망정이지 만약 한푼도 오르지 않았다면 어땠을까?

다음은 대전 서구 가장동에 위치한 삼성래미안아파트 전용면적 84㎡의 2016년 8월과 9월의 실거래가격이다. 일반층이 2억 3,700만 억에서 2억 4,900만 원 사이에 거래되었다.

그중 저렴한 2층을 2억 3,500만 원에 매입해 2억 1,500만 원에 전

계약월	매매		전세		월세	
	거래금액(만원)	층	거래금액(만원)	층	거래금액(만원)	층
2016.09	24,150	8	21,500	9	-	
	23,500	2	17,500	11	-	
2016.08	24,900	13	21,500	3	-	
	24,000	14	16,500	4	-	
	24,000	8	-		-	
	23,700	4	-		-	

출처: 네이버 부동산, 국토교통부 실거래가

세로 임대하면 투자금은 2,000만 원 + α(등기비, 수리비 등)가 된다.

2년 후 뚜렷한 가격 상승은 보이지 않는다. 2층의 경우 2년 전과

계약월	매매		전세		월세	
	거래금액(만원)	층	거래금액(만원)	층	거래금액(만원)	층
2018.10	26,500	7	21,000	14	7,000/55	19
	24,500	1	21,000	20	-	
	24,500	5	-		-	
	24,300	19	-		-	
	23,500	2	-		-	
	22,700	20	-		-	
2018.09	26,200	5	21,500	3	-	
	25,000	4	20,000	7	-	
2018.08	24,700	5	21,000	9	-	
	24,000	13	-		-	
	23,700	10	-		-	
	23,250	3	-		-	

출처: 네이버 부동산, 국토교통부 실거래가

똑같은 2억 3,500만 원에 실거래되었다. 정리해보면 대전 서구 가장동에 위치한 삼성래미안아파트 전용면적 84㎡를 2016년 9월, 2억 3,500만 원에 매입하여 전세 2억 1,500만 원으로 임대하고 2년 후 그대로 2억 3,500만 원에 매도했다면 다음과 같은 결과가 나온다.

매입가	2억 3,500만 원
매입 시 중개보수비	+ 94만 원
취득세 및 등기비	+ 340만 원
인테리어 및 수리비	+ 500만 원
재산세	+ 60만 원(2년분)
매도 시 중개보수비	+ 94만 원
합계	= 2억 4,588만 원
매도	2억 3,500만 원
차익	**− 1,088만 원**

결과적으로 1,000만 원이 넘는 손실이 생겼다. 여기에 2년 동안 실투자한 2,000만 원 + α에 대한 기회비용까지 감안한다면 손실은 더 커진다. 이처럼 부동산 투자는 오르지 않으면, 또는 오른다고 해도 상승폭이 작으면 손실이 발생되는 결코 쉽지 않은 투자다. 하지만 부동산 경매를 통해 살 때부터 싸게 산다면 계산이 달라진다.

대전 둔산동 향촌아파트 전용 84㎡ 2층이 부동산 경매로 진행되었고 2016년 1월, 2억 500만 원에 낙찰 받았다.

당시 시세는 2억 3,000만 원이었으므로 2,500만 원 싸게 매입한 것이다.

잔금 납부 및 명도 후 2억 원에 전세를 놓으면 투자 금액은 500만 원 + a(등기비, 수리비 등)가 되고 2년 후 2억 4,000만 원에 매도할 경우 다음과 같은 결과가 나온다.

2015타경12420 • 대전지방법원 본원 • 매각기일 : 2016.01.04(月) (10:00) • 경매 1계(전화:042-470-1801)

소재지	대전광역시 서구 둔산동 970, 향촌아파트 112동 2층 ○○호 도로명주소검색		
새주소	대전광역시 서구 둔산로 15, 향촌아파트 112동 2층 201호		
물건종별	아파트	감정가	243,000,000원
대지권	42.57㎡(12.877평)	최저가	(70%) 170,100,000원
건물면적	84.42㎡(25.537평)	보증금	(10%) 17,010,000원
매각물건	토지·건물 일괄매각	소유자	○○○
개시결정	2015-06-04	채무자	○○○
사건명	임의경매	채권자	○○○

오늘조회: 1 2주누적: 0 2주평균: 0 조회동향

구분	입찰기일	최저매각가격	결과
1차	2015-11-23	243,000,000원	유찰
2차	**2016-01-04**	**170,100,000원**	
낙찰 : 205,000,000원 (84.36%)			
(입찰3명, 낙찰:fk15 ○○○○○회사 / 차순위금액 191,359,990원)			
매각결정기일 : 2016.01.11 - 매각허가결정			
대금지급기한 : 2016.02.25			
배당기일 : 2016.02.25			
배당종결 2016.02.25			

출처: 굿옥션

매입가	2억 500만 원
매입 시 중개수수료	⊕ 0원(경매로 취득할 경우 중개보수비가 없음)
취득세 및 등기비	⊕ 330만 원(취득세는 낮아지나 등기비는 조금 더 올라가서 결과적으로 비슷)
인테리어 및 수리비	⊕ 500만 원
재산세	⊕ 60만 원(2년분)
매도 시 중개수수료	⊕ 96만 원
이자 등	⊕ 260만 원(이자 3.5%/2개월 및 중도상환수수료 1%)
이사비	⊕ 100만 원(경매로 낙찰 받을 경우 명도가 완료되는 시점은 평균적으로 잔금납부 후 1~2개월 정도이고, 원활한 명도를 위해서 50~150만 원 정도의 이사비가 지급되는 경우가 있다. 따라서 잔금납부를 위해 대출을 받아야 하는 경우가 많고 2016년 기준 1억 6,400만 원 정도 대출이 가능했다. 이를 기준으로 이자와 중도상환수수료를 산정)
합계	= 2억 1,846만 원
매도	2억 4,000만 원
차익	**2,154만 원**

결과적으로 2,100만 원이 넘는 수익이 발생했다. 시세대로 매입했다면 시세가 1,000만 원 상승해도 78만 원의 손실이 발생하는 상황이었지만 경매로 싸게 매입했기 때문에 이러한 결과가 나오게 된다.

사례 분석 2

시세가 전혀 오르지 않았을 경우 경매의 위력은 더 대단해진다.

가장동 삼성래미안아파트 전용면적 84㎡를 2016년 8월, 2억 1,100여만 원에 낙찰 받았다. 원래 시세가 2억 3,500만 원이니 2,400만 원 정도 싸게 매입한 것이다.

앞서 확인했듯이 이 아파트는 2년 동안 뚜렷한 가격 상승이 없었다. 따라서 시세대로 2억 3,500만 원에 사서 2년 후 2억 3,500만 원에 팔았다면 1,000만 원 이상의 손실을 보는 유형이었다. 그러나 시세보다 2,400만 원 정도 싸게 낙찰 받았기 때문에 2년 후 한푼도 오

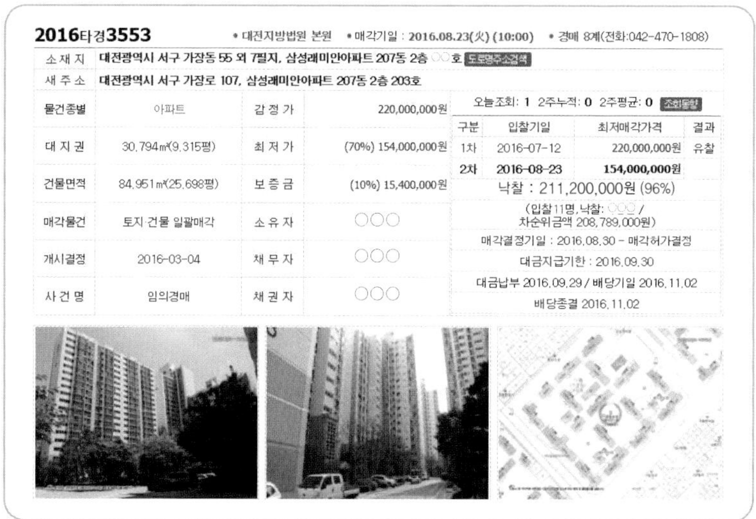

2016타경3553 • 대전지방법원 본원 • 매각기일 : 2016.08.23(火) (10:00) • 경매 8계(전화:042-470-1808)

소 재 지	대전광역시 서구 가장동 55 외 7필지, 삼성래미안아파트 207동 2층 ○○호 도로명주소검색		
새 주 소	대전광역시 서구 가장로 107, 삼성래미안아파트 207동 2층 203호		
물건종별	아파트	감 정 가	220,000,000원
대 지 권	30.794㎡(9.315평)	최 저 가	(70%) 154,000,000원
건물면적	84.951㎡(25.698평)	보 증 금	(10%) 15,400,000원
매각물건	토지·건물 일괄매각	소 유 자	○○○
개시결정	2016-03-04	채 무 자	○○○
사 건 명	임의경매	채 권 자	○○○

오늘조회: 1 2주누적: 0 2주평균: 0 조회동향

구분	입찰기일	최저매각가격	결과
1차	2016-07-12	220,000,000원	유찰
2차	2016-08-23	154,000,000원	
낙찰 : 211,200,000원 (96%)			
(입찰11명,낙찰: ○○○ / 차순위금액 208,789,000원)			
매각결정기일 : 2016.08.30 - 매각허가결정			
대금지급기한 : 2016.09.30			
대금납부 2016.09.29 / 배당기일 2016.11.02			
배당종결 2016.11.02			

출처: 굿옥션

르지 않은 2억 3,500만 원에 매도해도 다음과 같은 결과가 나온다.

매입가	2억 1,100만 원
매입 시 중개보수비	⊕ 0원
취득세 및 등기비	⊕ 340만 원
인테리어 및 수리비	⊕ 500만 원
재산세	⊕ 60만 원(2년분)
매도 시 중개수수료	⊕ 94만 원
이자(3.5%/2개월) 및 중도상환수수료(1%)	⊕ 265만 원(대출금 1억 6,600만 원 기준)
이사비	⊕ 100만 원
합계	= 2억 2,459만 원
매도	2억 3,500만 원
차익	**1,041만 원**

시세대로 매입했다면 1,000만 원 이상의 손실이 발생하는 상황이었지만 경매로 싸게 매입했기 때문에 오히려 1,000만 원이 넘는 수익이 발생했다. 여기에서 더 중요한 것은 심리적 여유다. 처음부터 싸게 샀다면 마음의 안정을 가지고 2년을 더 기다릴 수 있었을 것이다.

투자를 하고 손실이 눈에 보이게 되면 평정심을 찾기란 쉬운 일이 아니다. 손실이 더 커질까 불안하기 때문에 손해를 감수하고서라도 매도를 결정하게 되는 경우가 많다.

하지만 처음부터 싸게 사서 손실을 보지 않은 상태라면, 오히려 약간의 수익이 발생하는 상태에 놓여 있다면 미래의 가능성을 보고 기다릴 수 있는 여유가 생긴다.

대전의 경우 앞서 그래프에서 살펴봤듯이 현재 가격 위치도 낮고 향후 입주물량도 부족하므로 세종시의 입주물량이 줄어드는 시점에서 상승을 기대해볼 수 있다.

해당 아파트들의 매매가격 그래프를 보면 2018년 후반기에 들어서 시세가 상승하고 있는 모습을 확인할 수 있다.

● 대전 향촌(전용 84㎡) 매매가 추이 ●

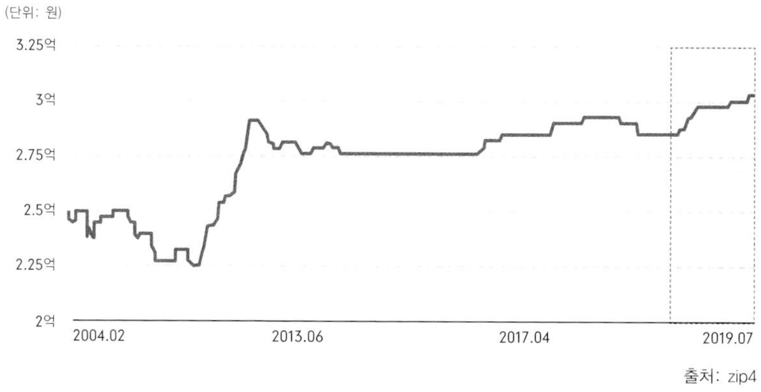

출처: zip4

● 대전 삼성래미안(전용 84㎡) 매매가 추이 ●

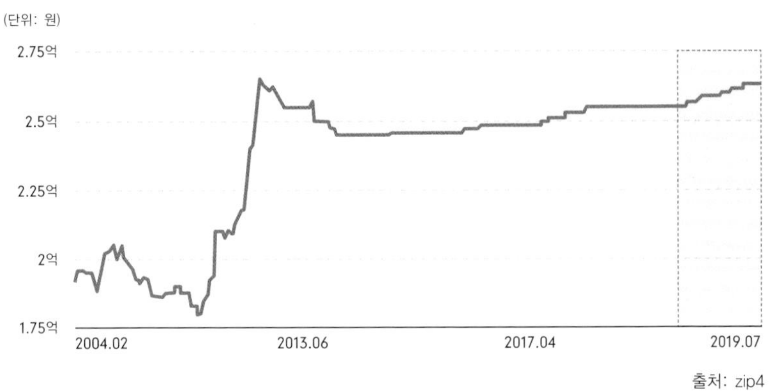

출처: zip4

마음이 쫓겨 2018년 초중반에 매도했다면 2년간의 기다림이 매우 허망했을 것이다. 이처럼 살 때부터 싸게 사는 건 언제나 정답이다. 이러한 투자 방식이 부동산 시장의 흐름과 맞물리면 엄청난 시너지 효과가 발생한다.

쌀 때 더 싸게 사면 무조건 이긴다

당신이 지금 관심을 가지고 있는 지역은 어디인가? 분명 이미 가격이 많이 상승한 지역일 것이다. 대다수의 사람들은 항상 가격이 크게 오른 후에야 그 지역에 관심을 갖게 된다. 반대로 가격이 하락하고 있거나 보합을 유지하고 있는 지역에 대해서는 관심을 갖지 않는다.

이는 지극히 당연한 현상일 수도 있다. 사람의 심리란 일단 눈에 보여야 믿게 되고 가격이 상승할 때는 계속 상승할 것이라는 기대를 갖게 되며, 하락 및 보합할 때는 그런 현상이 계속 유지될 것이라는 믿음을 갖게 된다. 하지만 앞서 수차례 확인했듯이 부동산 가격이란 계속해서 오르지도 않고 계속해서 떨어지지도 않는다.

만약 어떤 지역이 수년 동안 하락 및 보합을 유지하고 있다면 소비자물가지수를 중심으로 낮은 가격 위치에 있을 가능성이 높다. 이런 경우 입주물량이 부족한 시점과 맞물려 상승을 시작하게 된다. 그리고 너무 많이 올랐다 싶으면 가격이 조정되는 사이클을 반복한다. 따라서 어느 시점에 매입을 하느냐가 부동산 투자의 핵심이다. 싸게 샀다 해도 그다음의 시장 흐름 또한 중요하다.

사례 분석 1

서울 관악구 봉천동 관악드림타운 전용 114㎡ 2층을 약 5억 3,700만 원에 낙찰 받았다. 당시 실거래가 내역을 보면 2층임을 감안한 시세가 5억 7,000만 원선으로 시세보다 3,300만 원 정도 싸게 매입했다.

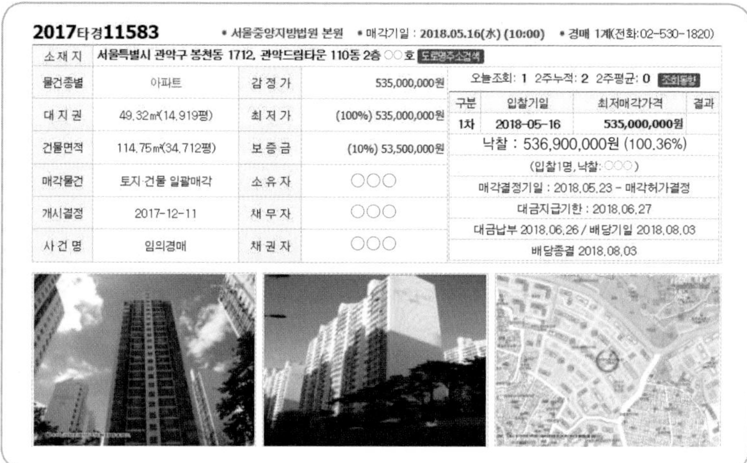

2017타경11583 • 서울중앙지방법원 본원 • 매각기일 : 2018.05.16(水) (10:00) • 경매 1계(전화:02-530-1820)

소재지	서울특별시 관악구 봉천동 1712, 관악드림타운 110동 2층 ○○호 도로명주소검색			
물건종별	아파트	감정가	535,000,000원	오늘조회: 1 2주누적: 2 2주평균: 0 조회동향
대지권	49.32㎡(14.919평)	최저가	(100%) 535,000,000원	구분 / 입찰기일 / 최저매각가격 / 결과 1차 / 2018-05-16 / 535,000,000원
건물면적	114.75㎡(34.712평)	보증금	(10%) 53,500,000원	낙찰 : 536,900,000원 (100.36%)
매각물건	토지·건물 일괄매각	소유자	○○○	(입찰1명, 낙찰: ○○○) 매각결정기일 : 2018.05.23 - 매각허가결정
개시결정	2017-12-11	채무자	○○○	대금지급기한 : 2018.06.27
사건명	임의경매	채권자	○○○	대금납부 2018.06.26 / 배당기일 2018.08.03 배당종결 2018.08.03

출처: 굿옥션

계약월	매매		전세		월세	
	거래금액(만원)	층	거래금액(만원)	층	거래금액(만원)	층
2018.05	64,000	22	51,000	22	-	
	63,500	15	50,000	13	-	
	62,000	13	50,000	17	-	
	61,800	13	47,000	8	-	
	60,000	22	-		-	
	57,400	3	-		-	
	56,000	1	-		-	

출처: 네이버 부동산, 국토교통부 실거래가

부산 동래구 명장동 명장유림노르웨이숲아이비 전용 84㎡ 3층을 2억 7,000만 원에 낙찰 받았다. 실거래가를 기준으로 시세는 3억 1,000만 원 정도로 시세보다 4,000만 원 싸게 매입했다.

이 두 가지 사례 중 어느 쪽이 더 잘한 투자일까? 서울 관악드림타운의 경우 3,300만 원을 할인 받았지만 시세 대비 할인율은 6%가 조금 안 된다. 이에 비해 부산 명장유림노르웨이숲아이비는 할인액이 4,000만 원이며 할인율은 무려 13%에 육박한다. 수치만 본다면 부산 명장유림노르웨이숲아이비의 완승이다. 하지만 과연 그럴까?

2017타경8097 • 부산지방법원 본원 • 매각기일 : 2018.05.11(金) (10:00) • 경매 2계(전화:051-590-1813)

소재지	부산광역시 동래구 명장동 300-106, 명장유림노르웨이숲아이비 102동 3층 ○○호 도로명주소검색		
새주소	부산광역시 동래구 시실로 181, 명장유림노르웨이숲아이비 102동 3층 ○○호		
물건종별	아파트	감정가	307,000,000원
대지권	34.394㎡(10.404평)	최저가	(80%) 245,600,000원
건물면적	84.366㎡(25.521평)	보증금	(10%) 24,560,000원
매각물건	토지·건물 일괄매각	소유자	○○○
개시결정	2017-07-27	채무자	○○○
사건명	임의경매(공유물분할을위한 경매)	채권자	○○○

오늘조회: 1 2주누적: 2 2주평균: 0 조회동향

구분	입찰기일	최저매각가격	결과
1차	2018-04-06	307,000,000원	유찰
2차	2018-05-11	245,600,000원	

낙찰 : 270,033,000원 (87.96%)
(입찰3명,낙찰:부산시 ○○○○○ 드텐 / 차순위금액 256,110,000원)
매각결정기일 : 2018.05.18 - 매각허가결정
대금지급기한 : 2018.06.20
대금납부 2018.06.20 / 배당기일 2018.07.17
배당종결 2018.07.17

출처: 굿옥션

계약월	매매		전세		월세	
	거래금액(만원)	층	거래금액(만원)	층	거래금액(만원)	층
2018.09	-		20,000	7	-	
2018.08	29,000	13	-		-	
2018.03	31,000	5	-		-	
2018.01	-		-		8,000/35	14

먼저 서울 관악구의 상승 패턴 그래프를 살펴보자.

관악구의 매매가격지수는 과거 A 구간에서 서울 평균 및 강남구와 비슷한 위치에 있었다. 2005년 1월부터 강남구가 급등하기 시작하면서 서울 평균도 조금씩 상승했다. 관악구는 상승 시기가 느렸고 A 구간 중간까지 상승폭도 완만했다. 하지만 이후 무서운 속도로 상승하여 결국 강남구와 서울 평균에 근접한 위치까지 올라갔다.

2018년 5월에 해당하는 B 구간을 보면 강남구가 먼저 큰 폭으로 상승했고 관악구는 약간의 움직임만 보일 뿐이다. 만약 과거의 패턴을 반복한다면 관악구는 머지않아 상승폭이 더 커질 가능성이 높은

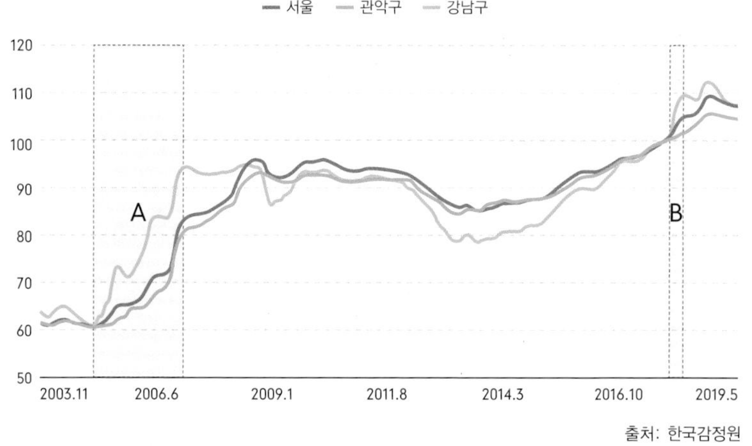

출처: 한국감정원

시기였다.

B 구간 이후 역시나 그런 모습을 보여줬다. 그렇다면 경매물건도 이와 같은 패턴대로 움직였을까? 다음은 해당 경매물건인 관악드림타운 전용 114㎡의 매매가격 추이를 나타낸 그래프다.

화살표가 가리키는 지점이 바로 2018년 5월 이 경매물건을 낙찰받은 시점이다. 그리고 얼마 지나지 않아 매매가격은 큰 폭으로 상승했다. 9·13 부동산 대책 이후 약간의 조정을 받았지만 여러 가지 지표로 봤을 때 서울의 상승 에너지는 아직 남아 있는 것으로 판단된다. 따라서 이 아파트 또한 다시 반등할 가능성이 높다.

하지만 이 시기 부산의 분위기는 달랐다. A 구간을 보면 그동안 너무 많이 상승해 가격 위치가 소비자물가지수를 뚫고 올라간 상태에

● 서울 관악드림타운(전용 114㎡) 매매가 추이 ●

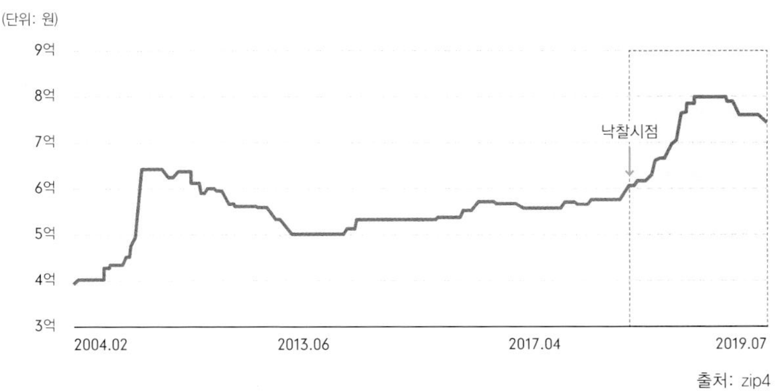

출처: zip4

● 부산 아파트 물가지수 · 매매가격지수 · 입주물량 추이 ●

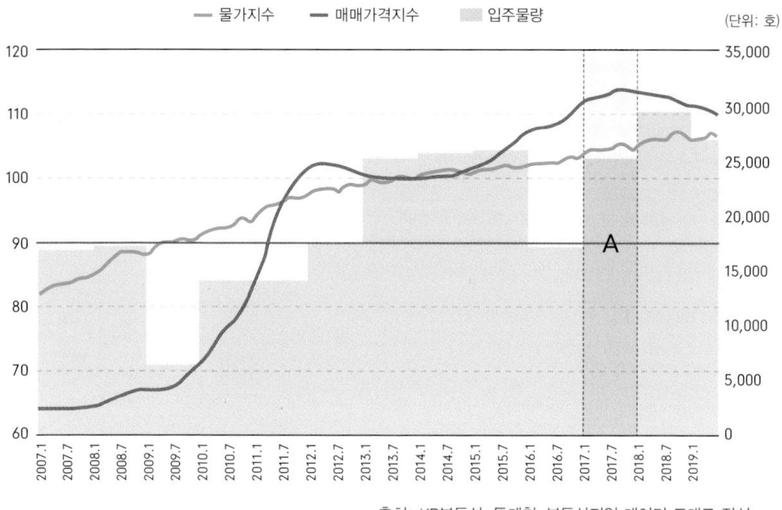

출처: KB부동산, 통계청, 부동산지인 데이터 토대로 작성

놓여 있다. 더구나 2018년부터 입주물량도 많아지기 시작했기 때문에 가격 하락이 예상되는 시기였다. 이후 역시나 매매가격은 고개를 숙이기 시작한다.

오른쪽 그래프는 해당 경매물건인 명장유림노르웨이숲아이비 전용 84㎡의 매매가격 추이를 나타낸다. 화살표 지점에서 낙찰 받았지만 이후 매매가격은 하락세로 접어들었다.

이처럼 싸게 산다 해도 어느 지역을 어느 타이밍에 사는지가 매우 중요하다. 그런데 재미있는 사실은 훨씬 좋은 투자 타이밍에 낙찰 받

● 부산 명장유림노르웨이숲아이비(전용 84㎡) 매매가 추이 ●

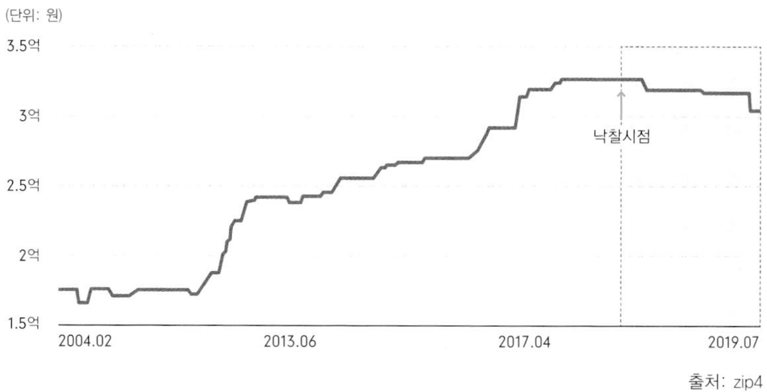

출처: zip4

은 서울 관악구 경매물건의 경우 단 한 명만이 입찰에 참여했다는 것이다. 이런 현상이 벌어지는 이유는 간단하다. 앞서 설명했듯 가격이 움직이지 않거나 상승한다 해도 주변 입지가 좋은 지역에 비해 상승폭이 미미할 때는 계속해서 그럴 것이란 불안한 심리가 지배하게 되며, 가격이 이미 상승한 지역은 계속해서 상승할 것이란 기대감에 취해 있게 되기 때문이다.

시장은 냉정하며, 가격이란 시장의 냉정함이 그대로 반영된 결과물이다. 따라서 현명한 내 집 마련과 투자를 위해서는 부동산의 흐름을 공부해야 하고 그와 더불어 싸게 살 수 있는 수단인 경매를 공부해야 하는 것이다. 이 두 가지를 결합하면 절대로 실패하지 않는 투자가 가능해진다.

사례 분석 2

비슷한 예를 하나 더 살펴보도록 하자. 구로구는 관악구와 더불어 서울 중에서 사람들이 그다지 선호하는 지역은 아니다. 하지만 이미 강남권이 큰 폭으로 상승한 상태라면 구로구 또한 관악구와 비슷한 행보를 보일 것으로 예측할 수 있다.

서울 구로구 오류동 동부골든아파트 전용 113㎡를 2018년 4월, 3억 4,600만 원에 낙찰 받았다. 당시 시세는 4억 원 정도로 시세보다 5,400만 원 정도 싸게 매입했다.

그런데 이 아파트의 매매가격 그래프를 보면 2007년 폭등하기 시작해 A 지점인 2008년 후반기 정점을 찍고 이후 계속 하락했으며 B 지점인 2015년에 바닥을 찍고 미미한 반등을 시작했다.

만약 A 지점에서 매입했다면 10년이 훨씬 지난 지금도 손해를 보고 있을 것이며, B 지점에서 매입했다면 언제 팔아도 절대로 손해를 볼 수 없는 상황일 것이고, C 지점에서 매입했다면 가격 면에서는 B 지점보다 조금 높지만 얼마 후 본격적인 상승을 시작했으니 흐름을 봤을 때 가장 좋은 타이밍이라 할 수 있다.

낙찰을 받은 시점이 C 지점이었으니 매우 좋은 타이밍에 매입한 것이다. 10여 년 동안 가장 가격이 낮았던 B 지점보다 오히려 더 낮은 가격에 매입했다. 이런 조건에 매입한 부동산은 국가가 망하지 않는 한 절대로 손해를 볼 가능성이 없다.

C 지점처럼 시장 흐름이 좋고 가격이 쌀 때 부동산 경매를 통해 시

2017타경104320 • 서울남부지방법원 본원 • 매각기일 : 2018.04.17(火) (10:00) • 경매 1계(전화:02-2192-1331)

소재지	서울특별시 구로구 오류동 338 외 3필지, 동부골든아파트 202동 7층 ○○호 도로명주소검색		
새주소	서울특별시 구로구 고척로 49, 동부골든아파트 202동 7층 ○○호		
물건종별	아파트	감정가	386,000,000원
대지권	39.6㎡(11.979평)	최저가	(80%) 308,800,000원
건물면적	113.43㎡(34.313평)	보증금	(10%) 30,880,000원
매각물건	토지·건물 일괄매각	소유자	○○○
개시결정	2017-09-28	채무자	○○○
사건명	강제경매	채권자	○○○
관련사건	2018타경821(중복), 2012타경4067(소유권이전)		

오늘조회: 1 2주누적: 2 2주평균: 0 조회동향

구분	입찰기일	최저매각가격	결과
1차	2018-03-13	386,000,000원	유찰
2차	**2018-04-17**	**308,800,000원**	

낙찰 : 345,999,900원 (89.64%)
(입찰5명, 낙찰:구○○○○○우 / 차순위금액 345,675,000원)
매각결정기일 : 2018.04.24 - 매각허가결정
대금지급기한 : 2018.06.08
대금납부 2018.05.11 / 배당기일 2018.05.30
배당종결 2018.05.30

출처: 굿옥션

● 동부골드(전용 113㎡) 매매가 추이 ●

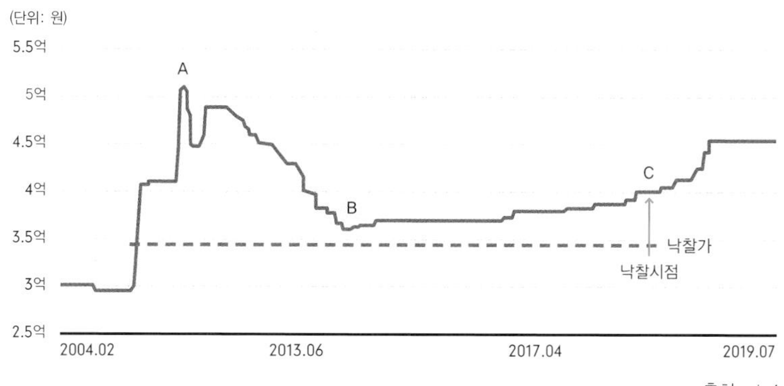

출처: zip4

세보다 싸게 매입한다면 절대 지지 않는 투자를 할 수 있다. 즉, 쌀 때(가격 위치) 더 싸게(부동산 경매) 사면 무조건 이기는 투자를 할 수 있다.

부동산 경매는 타임머신이다

서울의 아파트 가격은 1997년 외환위기 때 곤두박질치다 1998년부터 상승하기 시작했다. 이후 2008년까지 10년 동안 상승세가 이어지다 드디어 꺾이기 시작한다. 이때부터 서울은 하우스푸어라는 신조어가 등장하면서 집을 가지고 있는 사람은 모두 엄청난 손해를 보고 재정 파탄에 이를 것이라는 분위기가 형성된다.

이런 분위기는 2013년 극에 달했지만 바닥을 친 시장 흐름은 조금씩 반등하기 시작했다. 서울의 집값이 슬금슬금 회복되기 시작한 것이다. 이때까지만 해도 '불쌍한 하우스푸어가 집을 팔 수 있게 되었구나' 정도로 치부하며 집을 사야겠다는 심리는 그다지 움직이지 않았다.

2015년에 이르자 곳곳에서 눈에 띄는 상승이 일어나기 시작한다. 2017년이 되자 소위 강남 4구라 불리는 지역들이 큰 폭으로 상승해 버렸다. 이에 당황한 사람들은 이제라도 집을 사야 하나를 심각하게 고민하기 시작한다. 그사이 서울의 나머지 지역도 급격한 상승이 진행되었다.

타임머신이 있다면 집값이 오르기 전으로 되돌아가고 싶을 것이다. 방법은 있다. 부동산 경매를 활용하면 마치 타임머신처럼 오르기 전

시점으로 돌아가는 놀라운 경험을 할 수가 있다.

서울 양천구에 위치한 아파트의 낙찰 사례를 통해 타임머신이 작동한 모습을 확인해보자.

이 아파트는 2007년 한때 6억 원 중반까지 가격이 올랐다. 하지만 정점을 찍고 하락하기 시작해 2013년에는 5억 원이면 살 수 있었다. 하지만 다시 반등하면서 가격이 상승하기 시작했고 어느새 6억 원이 넘는 A 지점까지 도달했다. 과거 최저점 대비 1억 원이 넘게 오른 것이다. 상승세가 눈에 보이자 이 타이밍에 많은 사람들이 집을 사야 할지를 고민하기 시작한다.

그런데 이때 정부에서 8·2 부동산 대책을 발표한다. 많은 사람들은 이제 더 이상의 집값 상승은 없을 것이라는, 아니 오히려 다시 하락할 것이란 믿음을 가지고 집을 사는 것을 미루게 된다.

● 목동 삼성(전용 84㎡) 매매가 추이 ●

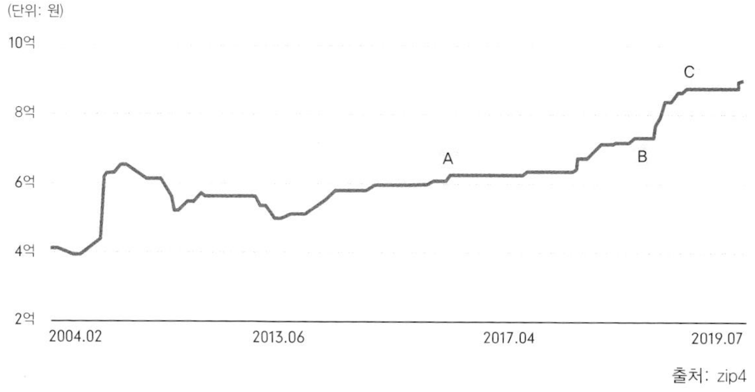

출처: zip4

A 지점: 저점 대비 1억 2,000만 원 상승, 8·2 부동산 대책 발표

하지만 믿음과는 달리 얼마 후 집값은 B 지점과 같이 1억 원 정도가 훌쩍 올라버린다. 그전까지 6억 원 초반대면 살 수 있었던 집이 이제 7억 원 초반대가 된 것이다. 마음이 점점 더 불안해진다. 하지만 눈앞에서 순식간에 1억 원이나 올라버린 가격에 집을 산다는 것은 더 어려운 일이 되었다. 예전 가격을 뻔히 알고 있는데, 게다가 이 동네를 훤히 알고 있는데 갑자기 이 정도까지 가격이 오르는 것에 대해서 도저히 이해할 수도 인정할 수도 없는 것이다.

B 지점: 저점 대비 2억 2,000만 원 상승

'그만 오르겠지, 다시 떨어지겠지' 하는 막연한 기대로 집값을 모니터링하고 있는데 오히려 1,000만 원, 2,000만 원 더 오르기 시작하더니 급기야 다시 한 번 폭등한 가격은 8억 원대 중반에 도달한다.

C 지점: 저점 대비 3억 5,000만 원 상승

이제 집을 사야겠다는 생각은 멀리 날아가버렸다. 돌이켜보면 6억 2,000만 원이었던 A 지점이 집을 사기 가장 좋은 타이밍이었다. 물론 2013년, 5억 원이 가장 싼 가격이었지만 이후 가격 상승까지 오랜 시간이 걸렸기 때문에 가장 좋은 타이밍은 A 지점이라 할 수 있다. 하지만 기회를 놓쳤다 해도 B 지점에는 집을 샀어야 했다. C 지점은 더 이상 좋은 타이밍이 아니다. 물론 더 상승할 수도 있겠지만 상승폭은 아무래도 크지 않을 것이다. 시간을 되돌릴 수 있다면 얼마나 좋을까. 타임머신이 있다면 1년 전으로 돌아가 집을 사고 싶은 마음이 간절하지만 헛된 바람일 뿐이었다.

하지만 부동산 경매를 활용하면 이런 말도 안 되는 바람이 현실이 된다. 1년 전으로 돌아가 그때 그 가격으로 아파트를 살 수 있다.

사례 분석

2018년 11월, 이 아파트는 7억 2,900만 원에 낙찰되었다.

당시의 시세는 8억 6,000만 원 정도로 이미 오를 만큼 올라 매우 부담스러운 C 지점이었다. 그런데 낙찰된 가격은 폭등하기 몇 개월 전인 7억 2,900만 원으로 B 지점에 해당된다.

마치 C 지점이라는 현재에서 이미 가격이 상승한 것을 확인한 후 타임머신을 타고 B 지점이라는 과거로 돌아가 그 가격에 매입한 것과 같은 셈이다. 이처럼 부동산 경매는 타임머신의 역할을 한다.

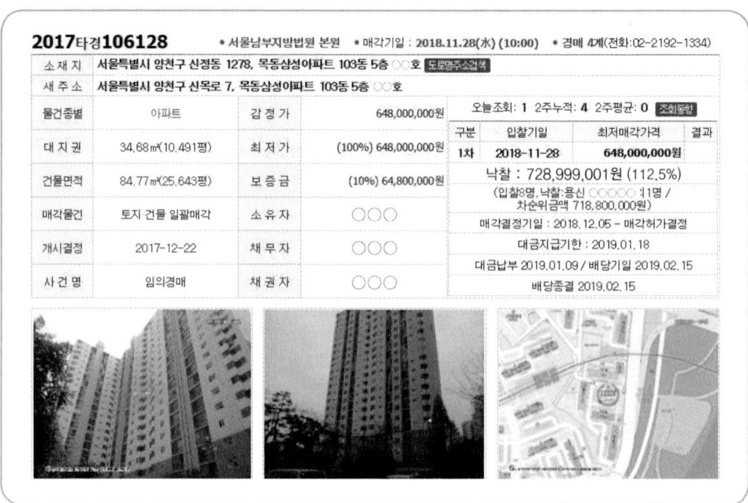

2017타경106128 • 서울남부지방법원 본원 • 매각기일 : 2018.11.28(水) (10:00) • 경매 4계(전화:02-2192-1334)

소재지	서울특별시 양천구 신정동 1278, 목동삼성아파트 103동 5층 ○○호 도로명주소검색		
새주소	서울특별시 양천구 신목로 7, 목동삼성아파트 103동 5층 ○○호		
물건종별	아파트	감정가	648,000,000원
대지권	34.68㎡(10.491평)	최저가	(100%) 648,000,000원
건물면적	84.77㎡(25.643평)	보증금	(10%) 64,800,000원
매각물건	토지·건물 일괄매각	소유자	○○○
개시결정	2017-12-22	채무자	○○○
사건명	임의경매	채권자	○○○

오늘조회: 1 2주누적: 4 2주평균: 0 조회동향

구분	입찰기일	최저매각가격	결과
1차	2018-11-28	648,000,000원	

낙찰 : 728,999,001원 (112.5%)
(입찰8명, 낙찰:용신 ○○○○○ 1명 / 차순위금액 718,800,000원)
매각결정기일 : 2018.12.05 - 매각허가결정
대금지급기한 : 2019.01.18
대금납부 2019.01.09 / 배당기일 2019.02.15
배당종결 2019.02.15

출처: 굿옥션

● 목동 삼성(전용 84㎡) 매매가 추이 ●

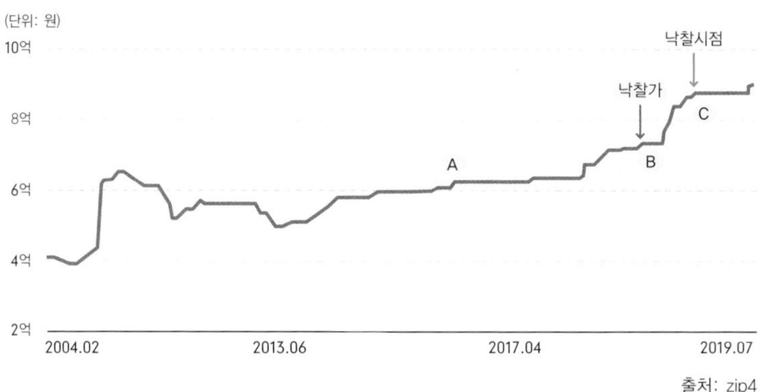

출처: zip4

STEP 3

부동산 투자의 황금 타이밍, 어떻게 잡을까?

진정한 기회는 하락장에 숨어 있다

계속하여 강조했듯이 부동산 경매의 매력은 뭐니뭐니 해도 싸게 살 수 있다는 것이다. 여기서 싸게 살 수 있는 정도는 시장의 분위기에 따라 달라진다.

단순하게 생각하면 당연히 많이 싸게 사는 게 좋겠지만 앞서 설명했듯 부산처럼 하락장으로 접어든 지역일 경우 싸게 산 것에 대한 메리트가 점점 줄어들 수도 있다. 만약 흐름 자체가 하락장이 아닌, 다른 요인으로 인해 일시적으로 조정을 받는 장이라면 어떨까?

예컨대 정부의 부동산 억제 정책으로 인해 일시적으로 소강 상태에 접어든 시장의 경우가 그렇다. 강력한 부동산 대책이 발표되면 시장은 얼어붙을 수밖에 없다.

하지만 현재의 가격 위치가 비교적 낮고 입주물량도 부족하며 미분양 또한 거의 없는 등 시장의 흐름 자체가 좋을 경우에는 일정 기간 보합을 유지하다가 다시 상승할 가능성이 크다. 만약 하락을 한다 해도 하락폭은 미미할 수밖에 없다.

이런 시기가 바로 부동산 경매의 황금 타이밍이다. 특히 내 집 마련을 위한 실수요자라면 더할 나위 없이 좋은 기회라 할 수 있다. 최근에는 세 번의 황금 타이밍이 있었다. 과연 언제, 어느 지역이었을까?

첫 번째 황금 타이밍

첫 번째는 2017년 8·2 부동산 대책 발표 직후였다.

우선 서울 부동산 시장의 흐름부터 짚어보면 2013년 후반, 길었던 하락기에 종지부를 찍고 반등에 성공한다. 이후 꾸준히 상승세를 이어가다 2016년 국정이 혼란해질 무렵 상승세가 진정되는 듯싶더니 이듬해 5월, 새로운 정부가 들어서면서 안정을 되찾은 직후 뚜렷한 상승세로 접어들었다. 이에 맞서 새로운 정부는 강력한 부동산 대책을 내놓는데 바로 8·2 대책이었다. 그렇다면 8·2 대책을 전후로 부동산 경매 시장의 분위기는 어땠을까?

사례 분석 1

2017년 6월, 서울 동작구 상도동에 위치한 아파트에 무려 33명이 입찰해서 5억 4,300만 원에 낙찰되었다.

당시 실거래가는 5억 6,000만 원으로 시세보다 1,700만 원 정도 싸게 매입한 것이다.

1,700만 원이라는 금액이 결코 적진 않지만 할인율은 시세 대비 3% 정도로 그다지 높지 않았다. 다음 그래프의 A 구간과 같이 서울 아파트 시장의 매수심리가 매우 높았고 이에 따라 매매가격도 급격하게 상승하고 있는 시기였기 때문이다.

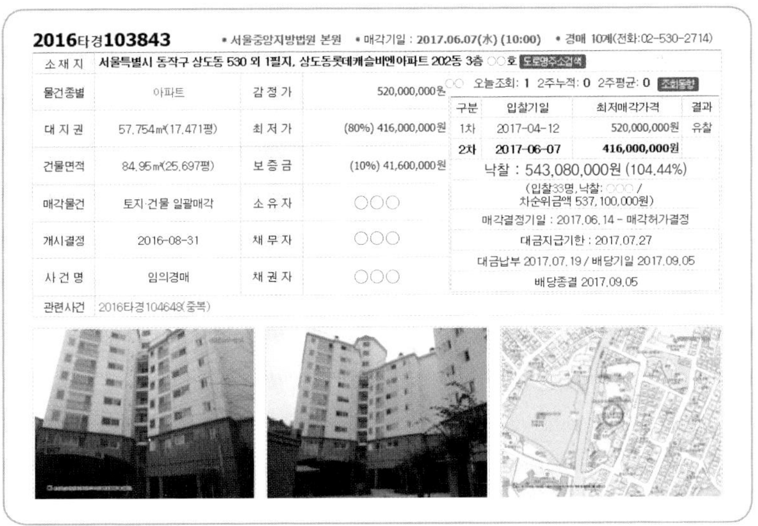

2016타경103843 • 서울중앙지방법원 본원 • 매각기일 : 2017.06.07(水) (10:00) • 경매 10계(전화:02-530-2714)

소 재 지	서울특별시 동작구 상도동 530 외 1필지, 상도동롯데캐슬비엔아파트 202동 3층 ○○호 도로명주소검색		
물건종별	아파트	감 정 가	520,000,000원
대 지 권	57.754㎡(17.471평)	최 저 가	(80%) 416,000,000원
건물면적	84.95㎡(25.697평)	보 증 금	(10%) 41,600,000원
매각물건	토지·건물 일괄매각	소 유 자	○○○
개시결정	2016-08-31	채 무 자	○○○
사 건 명	임의경매	채 권 자	○○○
관련사건	2016타경104648(중복)		

○○ 오늘조회: 1 2주누적: 0 2주평균: 0 조회동향

구분	입찰기일	최저매각가격	결과
1차	2017-04-12	520,000,000원	유찰
2차	**2017-06-07**	**416,000,000원**	
낙찰 : 543,080,000원 (104.44%)			
(입찰33명, 낙찰: ○○○ / 차순위금액 537,100,000원)			
매각결정기일 : 2017.06.14 - 매각허가결정			
대금지급기한 : 2017.07.27			
대금납부 2017.07.19 / 배당기일 2017.09.05			
배당종결 2017.09.05			

출처: 굿옥션

• 서울 아파트 매수우위지수·매매가격지수 추이 •

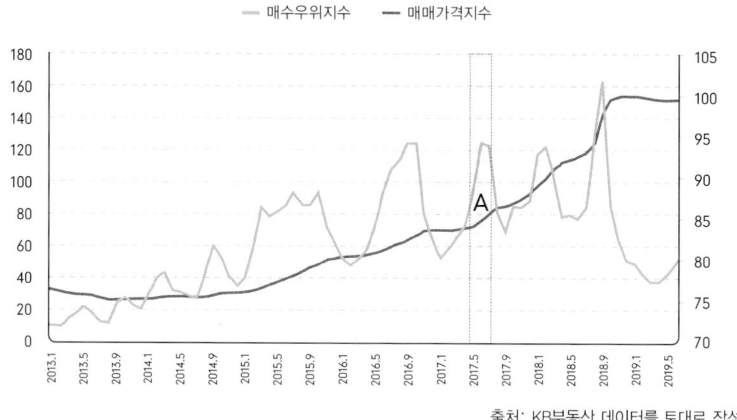

출처: KB부동산 데이터를 토대로 작성

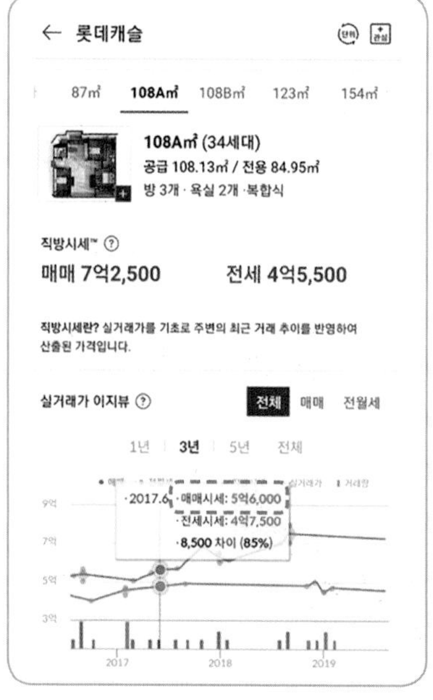

출처: 직방

즉, 서울 부동산 시장의 분위기가 좋았고 경쟁도 치열했기 때문에 조금만 싸게 살 수 있었다.

사례 분석 2

이와 같은 시기에 진행된 다음 경매 건은 경쟁이 더 치열했다. 신건임에도 무려 64명이 입찰해 4억 300만 원에 낙찰되었는데 당시 시세는 4억 2,000만 원 정도로 그다지 메리트 있는 가격은 아니었다.

당시 서울 아파트 경매 분위기는 대체로 이와 유사했다. 하지만 그 유명한 8·2 대책이 발표되고 나서 서울 부동산 시장은 혼란에 빠져든다. 그 분위기가 부동산 시장에 고스란히 반영되면서 다음 그래프의 B 구간과 같이 매수심리가 급감했고 매매가격의 상승폭도 눈에 띄게 완만해졌다.

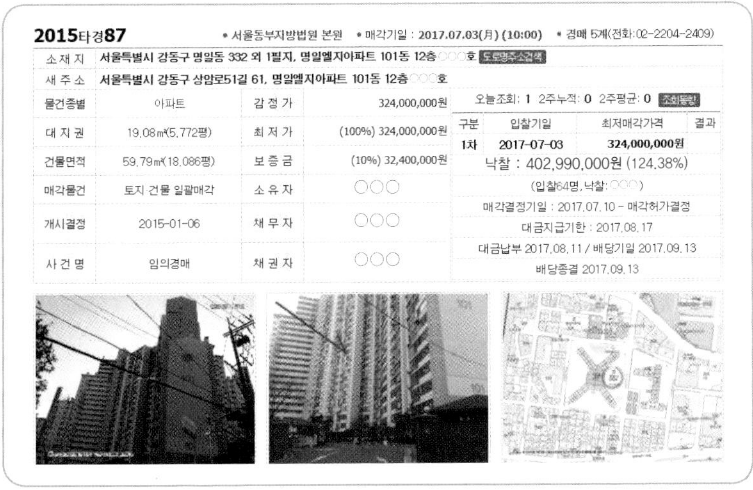

2015타경87 • 서울동부지방법원 본원 • 매각기일 : 2017.07.03(月) (10:00) • 경매 5계(전화:02-2204-2409)

소재지	서울특별시 강동구 명일동 332 외 1필지, 명일엘지아파트 101동 12층○○○호 도로명주소검색		
새주소	서울특별시 강동구 상암로51길 61, 명일엘지아파트 101동 12층○○○호		
물건종별	아파트	감정가	324,000,000원
대지권	19.08㎡(5.772평)	최저가	(100%) 324,000,000원
건물면적	59.79㎡(18.086평)	보증금	(10%) 32,400,000원
매각물건	토지·건물 일괄매각	소유자	○○○
개시결정	2015-01-06	채무자	○○○
사건명	임의경매	채권자	○○○

오늘조회: 1 2주누적: 0 2주평균: 0 조회동향

구분	입찰기일	최저매각가격	결과
1차	2017-07-03	324,000,000원	

낙찰 : 402,990,000원 (124.38%)

(입찰64명, 낙찰: ○○○)

매각결정기일 : 2017.07.10 - 매각허가결정

대금지급기한 : 2017.08.17

대금납부 2017.08.11 / 배당기일 2017.09.13

배당종결 2017.09.13

출처: 굿옥션

● 서울 아파트 매수우위지수 · 매매가격지수 추이 ●

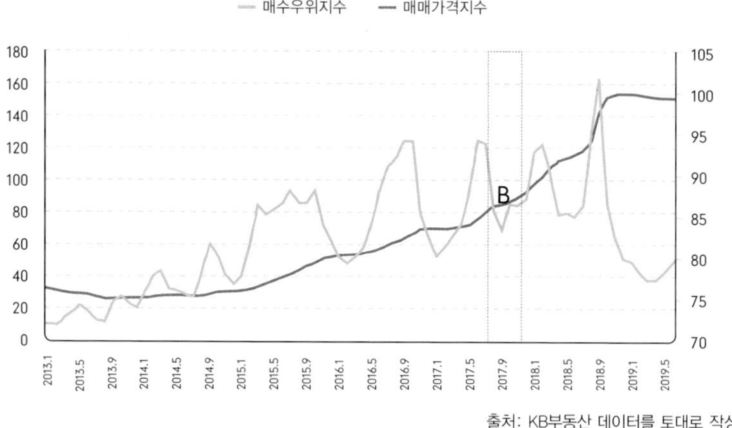

출처: KB부동산 데이터를 토대로 작성

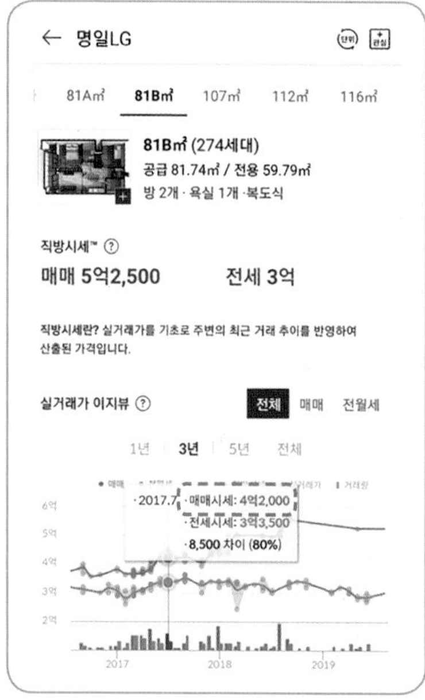

출처: 직방

그렇다면 부동산 경매 시장의 분위기는 어땠을까? 마찬가지로 급반전되면서 입찰에 참여하는 사람들의 숫자가 현저히 줄어들기 시작한다. 과연 이런 시기에 경매 시장에 참여해도 되는 것이었을까?

서울 부동산 시장의 흐름과 과거 참여정부 시절의 부동산 정책을 분석해본 결과 이때가 바로 황금 타이밍이었다. 당시 나는 실수 대전광역시의 매매지수는 물가지수에도 미치지 못하는 위치에 있다가 A 구간인 2009년 입주물량이 부족한 시기에 맞춰 급상승하기 시작했다. B 구간인 2011년 입주물량 폭탄에 의해 상승세를 멈추고 하락세로 접어들면서 지루한 보합세를 이어갔다.

C 지점의 시작인 2015년, 가격 위치가 물가지수와 비슷한 상태에서 입주물량도 크게 줄어들면서 수요보다 공급이 부족해지기 시작했기 때문에 가격 상승을 기대해 볼 수 있는 분위기였다. 미분양 또한 비교적 낮은 수치를 유지하고 있는 가운데 C 구간에서는 점차 줄어드는

● 대전의 매매가격지수·미분양수 추이 ●

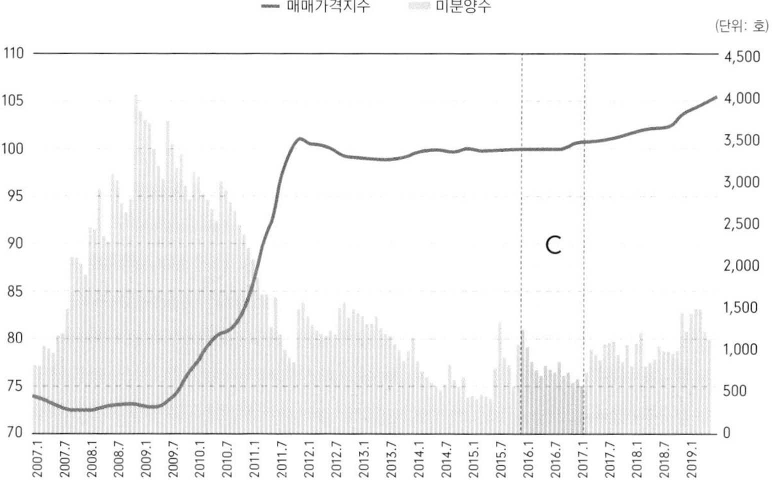

출처: KB부동산, 통계청, 부동산지인 데이터를 토대로 작성

흐름을 보여주고 있었기 때문에 상승 가능성은 더 높아보였다.

하지만 그래프에 나타났듯 C 구간 동안 매매가격은 별다른 움직임을 보이지 않았다. 이유는 단연코 세종시의 엄청난 입주물량이라 볼 수 있다. 대전에 거주하는 사람들에게 가장 살고 싶은 지역이 어디냐고 물으면 대부분이 세종시라고 답변한다는 일화가 있을 정도니 세종시의 입주물량은 대전에 직격탄이 되기 충분하다.

만약 C 구간인 2016년 아파트를 매입했다면 어땠을까? 한 사이클이 지나 2018년에 매도할 경우 수익은 고사하고 손해를 볼 수도 있었을 것이다.

실제로 '투자 좀 한다'는 많은 사람들이 이 시기에 집중적으로 매입했던 지역의 한 아파트를 예로 들어보자. 특정 지역의 부동산공인중개사무소를 가보면 "벌써 관광버스가 왔다갔어요"라는 말을 들을 수 있다. 누군가의 주도로 수십 명의 사람들이 집단적으로 매입한 것이다. 이런 집단행동은 해당 단지의 일시적인 매물 소진으로 소폭의 가격 상승을 이끌기도 하지만 결국 실수요자가 따라붙지 않는다면 그 이상의 가격 상승이 일어나기에는 한계가 있다. 좋은 예가 바로 대전이다.

다음은 대전 서구 둔산동에 위치한 향촌아파트 전용면적 84㎡의 2016년 1월 실거래가격이다. 저층을 제외하고 2억 5,000만 원에서 2억 7,000만 원 사이에 거래되었다.

이때 만약 2층을 2억 3,000만 원에 매입하여 2억 원에 전세를 놓았다면 투자금은 3,000만 원 + α(등기비용, 수리비 등)가 된다.

2년 후 실거래가격을 살펴보면 2억 5,800만 원에서 2억 7,400만

계약월	매매		전세		월세	
	거래금액(만원)	층	거래금액(만원)	층	거래금액(만원)	층
2016.01	27,000	13	21,000	11	2,000/60	8
	25,300	7	20,000	10	-	
	25,000	5	20,000	14	-	
	25,000	5	20,000	1	-	
	23,000	2	18,000	7	-	
	20,200	1	-		-	

출처: 네이버 부동산, 국토교통부 실거래가

원 사이에 거래되고 있다. 평균 1,000만 원 정도 상승했다고 볼 수 있다. 따라서 앞서 예로 든 2층의 경우 2억 4,000만 원 정도에 매도가 가능할 것이다. 그렇다면 둔산동 향촌아파트 84㎡를 2016년 1월,

계약월	매매		전세		월세	
	거래금액(만원)	층	거래금액(만원)	층	거래금액(만원)	층
2018.01	27,400	7	21,000	13	5,000/50	2
	26,900	10	-		3,000/70	14
	26,900	12	-		2,000/80	8
	26,850	12	-		-	
	26,750	6	-		-	
	26,500	4	-		-	
	25,800	10	-		-	

출처: 네이버 부동산, 국토교통부 실거래가

2억 3,000만 원에 매입해서 전세 2억 원으로 임대하고 2년 후 2억 4,000만 원에 매도할 경우 발생하는 수익은 다음과 같다.

매입가	2억 3,000만 원
매입 시 중개보수비	+ 92만 원
취득세 및 등기비	+ 330만 원
인테리어 및 수리비	+ 500만 원
재산세	+ 60만 원(2년분)
매도 시 중개보수비	+ 96만 원
합계	= 2억 4,078만 원
매도	2억 4,000만 원
차익	**− 78만 원**

집값이 1,000만 원 올랐지만 오히려 78만 원의 손해가 발생했다. 그나마 1,000만 원이라도 올랐으니 망정이지 만약 한푼도 오르지 않았다면 어땠을까?

다음은 대전 서구 가장동에 위치한 삼성래미안아파트 전용면적 84㎡의 2016년 8월과 9월의 실거래가격이다. 일반층이 2억 3,700만 억에서 2억 4,900만 원 사이에 거래되었다.

그중 저렴한 2층을 2억 3,500만 원에 매입해 2억 1,500만 원에 전

계약월	매매		전세		월세	
	거래금액(만원)	층	거래금액(만원)	층	거래금액(만원)	층
2016.09	24,150	8	21,500	9	-	
	23,500	2	17,500	11	-	
2016.08	24,900	13	21,500	3	-	
	24,000	14	16,500	4	-	
	24,000	8	-		-	
	23,700	4	-		-	

출처: 네이버 부동산, 국토교통부 실거래가

세로 임대하면 투자금은 2,000만 원 + α(등기비, 수리비 등)가 된다.

2년 후 뚜렷한 가격 상승은 보이지 않는다. 2층의 경우 2년 전과

계약월	매매		전세		월세	
	거래금액(만원)	층	거래금액(만원)	층	거래금액(만원)	층
2018.10	26,500	7	21,000	14	7,000/55	19
	24,500	1	21,000	20	-	
	24,500	5	-		-	
	24,300	19	-		-	
	23,500	2	-		-	
	22,700	20	-		-	
2018.09	26,200	5	21,500	3	-	
	25,000	4	20,000	7	-	
2018.08	24,700	5	21,000	9	-	
	24,000	13	-		-	
	23,700	10	-		-	
	23,250	3	-		-	

출처: 네이버 부동산, 국토교통부 실거래가

똑같은 2억 3,500만 원에 실거래되었다. 정리해보면 대전 서구 가장동에 위치한 삼성래미안아파트 전용면적 84㎡를 2016년 9월, 2억 3,500만 원에 매입하여 전세 2억 1,500만 원으로 임대하고 2년 후 그대로 2억 3,500만 원에 매도했다면 다음과 같은 결과가 나온다.

매입가	2억 3,500만 원
매입 시 중개보수비	+ 94만 원
취득세 및 등기비	+ 340만 원
인테리어 및 수리비	+ 500만 원
재산세	+ 60만 원(2년분)
매도 시 중개보수비	+ 94만 원
합계	= 2억 4,588만 원
매도	2억 3,500만 원
차익	**− 1,088만 원**

결과적으로 1,000만 원이 넘는 손실이 생겼다. 여기에 2년 동안 실투자한 2,000만 원 + α에 대한 기회비용까지 감안한다면 손실은 더 커진다. 이처럼 부동산 투자는 오르지 않으면, 또는 오른다고 해도 상승폭이 작으면 손실이 발생되는 결코 쉽지 않은 투자다. 하지만 부동산 경매를 통해 살 때부터 싸게 산다면 계산이 달라진다.

대전 둔산동 향촌아파트 전용 84㎡ 2층이 부동산 경매로 진행되었고 2016년 1월, 2억 500만 원에 낙찰 받았다.

당시 시세는 2억 3,000만 원이었으므로 2,500만 원 싸게 매입한 것이다.

잔금 납부 및 명도 후 2억 원에 전세를 놓으면 투자 금액은 500만 원 + a(등기비, 수리비 등)가 되고 2년 후 2억 4,000만 원에 매도할 경우 다음과 같은 결과가 나온다.

2015타경12420 • 대전지방법원 본원 • 매각기일 : 2016.01.04(月) (10:00) • 경매 1계(전화:042-470-1801)

소재지	대전광역시 서구 둔산동 970, 향촌아파트 112동 2층 ○○호 도로명주소검색		
새주소	대전광역시 서구 둔산로 15, 향촌아파트 112동 2층 201호		
물건종별	아파트	감정가	243,000,000원
대지권	42.57㎡(12.877평)	최저가	(70%) 170,100,000원
건물면적	84.42㎡(25.537평)	보증금	(10%) 17,010,000원
매각물건	토지·건물 일괄매각	소유자	○○○
개시결정	2015-06-04	채무자	○○○
사건명	임의경매	채권자	○○○

오늘조회: 1 2주누적: 0 2주평균: 0 조회동향

구분	입찰기일	최저매각가격	결과
1차	2015-11-23	243,000,000원	유찰
2차	2016-01-04	170,100,000원	

낙찰 : 205,000,000원 (84.36%)
(입찰3명,낙찰:fk15 ○○○○○ 주회사 / 차순위금액 191,359,990원)
매각결정기일 : 2016.01.11 - 매각허가결정
대금지급기한 : 2016.02.25
배당기일 : 2016.02.25
배당종결 2016.02.25

출처: 굿옥션

매입가	2억 500만 원
매입 시 중개수수료	⊕ 0원(경매로 취득할 경우 중개보수비가 없음)
취득세 및 등기비	⊕ 330만 원(취득세는 낮아지나 등기비는 조금 더 올라가서 결과적으로 비슷)
인테리어 및 수리비	⊕ 500만 원
재산세	⊕ 60만 원(2년분)
매도 시 중개수수료	⊕ 96만 원
이자 등	⊕ 260만 원(이자 3.5%/2개월 및 중도상환수수료 1%)
이사비	⊕ 100만 원(경매로 낙찰 받을 경우 명도가 완료되는 시점은 평균적으로 잔금납부 후 1~2개월 정도이고, 원활한 명도를 위해서 50~150만 원 정도의 이사비가 지급되는 경우가 있다. 따라서 잔금납부를 위해 대출을 받아야 하는 경우가 많고 2016년 기준 1억 6,400만 원 정도 대출이 가능했다. 이를 기준으로 이자와 중도상환수수료를 산정)
합계	= 2억 1,846만 원
매도	2억 4,000만 원
차익	**2,154만 원**

결과적으로 2,100만 원이 넘는 수익이 발생했다. 시세대로 매입했다면 시세가 1,000만 원 상승해도 78만 원의 손실이 발생하는 상황이었지만 경매로 싸게 매입했기 때문에 이러한 결과가 나오게 된다.

사례 분석 2

시세가 전혀 오르지 않았을 경우 경매의 위력은 더 대단해진다.

가장동 삼성래미안아파트 전용면적 84㎡를 2016년 8월, 2억 1,100여만 원에 낙찰 받았다. 원래 시세가 2억 3,500만 원이니 2,400만 원 정도 싸게 매입한 것이다.

앞서 확인했듯이 이 아파트는 2년 동안 뚜렷한 가격 상승이 없었다. 따라서 시세대로 2억 3,500만 원에 사서 2년 후 2억 3,500만 원에 팔았다면 1,000만 원 이상의 손실을 보는 유형이었다. 그러나 시세보다 2,400만 원 정도 싸게 낙찰 받았기 때문에 2년 후 한푼도 오

2016타경3553 • 대전지방법원 본원 • 매각기일 : 2016.08.23(火) (10:00) • 경매 8계(전화:042-470-1808)

소재지	대전광역시 서구 가장동 55 외 7필지, 삼성래미안아파트 207동 2층 ○○호		
새주소	대전광역시 서구 가장로 107, 삼성래미안아파트 207동 2층 203호		
물건종별	아파트	감정가	220,000,000원
대지권	30.794㎡(9.315평)	최저가	(70%) 154,000,000원
건물면적	84.951㎡(25.698평)	보증금	(10%) 15,400,000원
매각물건	토지·건물 일괄매각	소유자	○○○
개시결정	2016-03-04	채무자	○○○
사건명	임의경매	채권자	○○○

오늘조회: 1 2주누적: 0 2주평균: 0

구분	입찰기일	최저매각가격	결과
1차	2016-07-12	220,000,000원	유찰
2차	**2016-08-23**	**154,000,000원**	

낙찰 : 211,200,000원 (96%)

(입찰11명, 낙찰: ○○○ / 차순위금액 208,789,000원)

매각결정기일 : 2016.08.30 – 매각허가결정

대금지급기한 : 2016.09.30

대금납부 2016.09.29 / 배당기일 2016.11.02

배당종결 2016.11.02

출처: 굿옥션

르지 않은 2억 3,500만 원에 매도해도 다음과 같은 결과가 나온다.

매입가	2억 1,100만 원
매입 시 중개보수비	⊕ 0원
취득세 및 등기비	⊕ 340만 원
인테리어 및 수리비	⊕ 500만 원
재산세	⊕ 60만 원(2년분)
매도 시 중개수수료	⊕ 94만 원
이자(3.5%/2개월) 및 중도상환수수료(1%)	⊕ 265만 원(대출금 1억 6,600만 원 기준)
이사비	⊕ 100만 원
합계	= 2억 2,459만 원
매도	2억 3,500만 원
차익	**1,041만 원**

시세대로 매입했다면 1,000만 원 이상의 손실이 발생하는 상황이었지만 경매로 싸게 매입했기 때문에 오히려 1,000만 원이 넘는 수익이 발생했다. 여기에서 더 중요한 것은 심리적 여유다. 처음부터 싸게 샀다면 마음의 안정을 가지고 2년을 더 기다릴 수 있었을 것이다.

투자를 하고 손실이 눈에 보이게 되면 평정심을 찾기란 쉬운 일이 아니다. 손실이 더 커질까 불안하기 때문에 손해를 감수하고서라도 매도를 결정하게 되는 경우가 많다.

하지만 처음부터 싸게 사서 손실을 보지 않은 상태라면, 오히려 약간의 수익이 발생하는 상태에 놓여 있다면 미래의 가능성을 보고 기다릴 수 있는 여유가 생긴다.

대전의 경우 앞서 그래프에서 살펴봤듯이 현재 가격 위치도 낮고 향후 입주물량도 부족하므로 세종시의 입주물량이 줄어드는 시점에서 상승을 기대해볼 수 있다.

해당 아파트들의 매매가격 그래프를 보면 2018년 후반기에 들어서 시세가 상승하고 있는 모습을 확인할 수 있다.

● 대전 향촌(전용 84㎡) 매매가 추이 ●

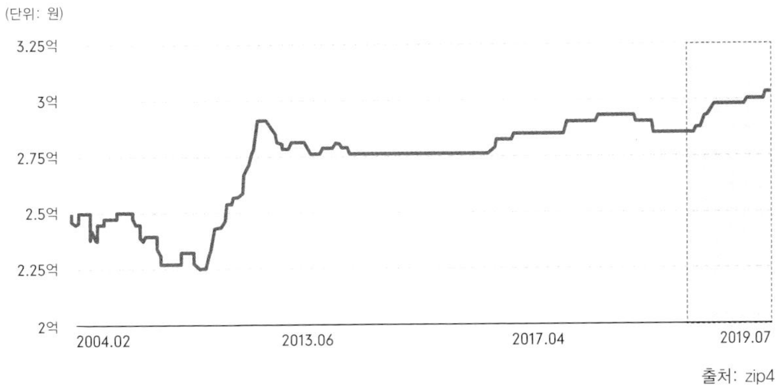

출처: zip4

● 대전 삼성래미안(전용 84㎡) 매매가 추이 ●

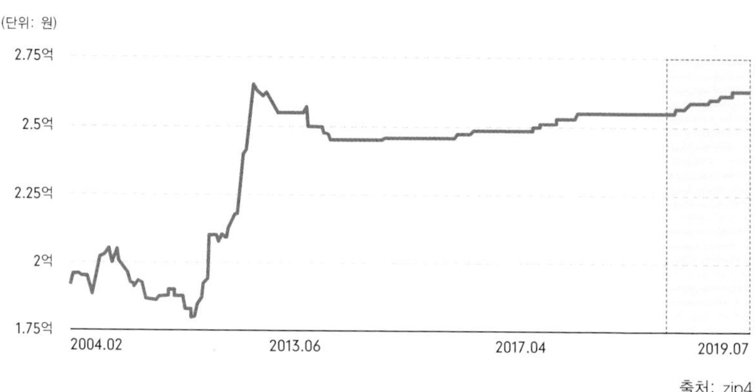

출처: zip4

마음이 쫓겨 2018년 초중반에 매도했다면 2년간의 기다림이 매우 허망했을 것이다. 이처럼 살 때부터 싸게 사는 건 언제나 정답이다. 이러한 투자 방식이 부동산 시장의 흐름과 맞물리면 엄청난 시너지 효과가 발생한다.

쌀 때 더 싸게 사면 무조건 이긴다

당신이 지금 관심을 가지고 있는 지역은 어디인가? 분명 이미 가격이 많이 상승한 지역일 것이다. 대다수의 사람들은 항상 가격이 크게 오른 후에야 그 지역에 관심을 갖게 된다. 반대로 가격이 하락하고 있거나 보합을 유지하고 있는 지역에 대해서는 관심을 갖지 않는다.

이는 지극히 당연한 현상일 수도 있다. 사람의 심리란 일단 눈에 보여야 믿게 되고 가격이 상승할 때는 계속 상승할 것이라는 기대를 갖게 되며, 하락 및 보합할 때는 그런 현상이 계속 유지될 것이라는 믿음을 갖게 된다. 하지만 앞서 수차례 확인했듯이 부동산 가격이란 계속해서 오르지도 않고 계속해서 떨어지지도 않는다.

만약 어떤 지역이 수년 동안 하락 및 보합을 유지하고 있다면 소비자물가지수를 중심으로 낮은 가격 위치에 있을 가능성이 높다. 이런 경우 입주물량이 부족한 시점과 맞물려 상승을 시작하게 된다. 그리고 너무 많이 올랐다 싶으면 가격이 조정되는 사이클을 반복한다. 따라서 어느 시점에 매입을 하느냐가 부동산 투자의 핵심이다. 싸게 샀다 해도 그다음의 시장 흐름 또한 중요하다.

사례 분석 1

서울 관악구 봉천동 관악드림타운 전용 114㎡ 2층을 약 5억 3,700만 원에 낙찰 받았다. 당시 실거래가 내역을 보면 2층임을 감안한 시세가 5억 7,000만 원선으로 시세보다 3,300만 원 정도 싸게 매입했다.

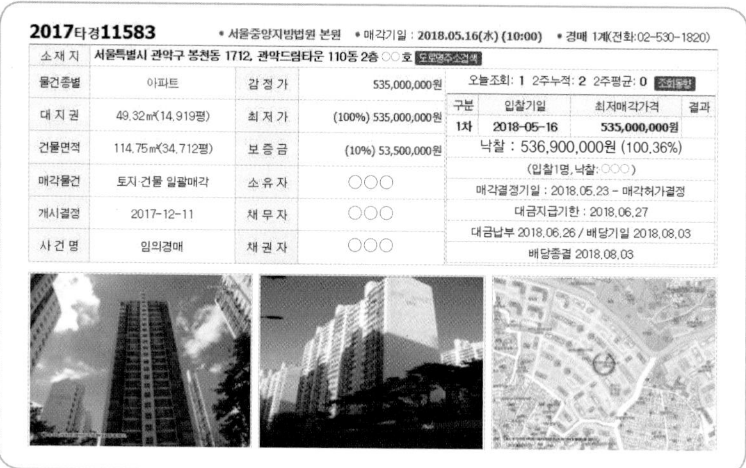

2017타경11583 • 서울중앙지방법원 본원 • 매각기일 : 2018.05.16(水) (10:00) • 경매 1계(전화:02-530-1820)

소재지	서울특별시 관악구 봉천동 1712, 관악드림타운 110동 2층 ○○호 도로명주소검색			
물건종별	아파트	감정가	535,000,000원	오늘조회: 1 2주누적: 2 2주평균: 0 조회동향
대지권	49.32㎡(14.919평)	최저가	(100%) 535,000,000원	구분: 1차 / 입찰기일: 2018-05-16 / 최저매각가격: 535,000,000원 / 결과:
건물면적	114.75㎡(34.712평)	보증금	(10%) 53,500,000원	낙찰 : 536,900,000원 (100.36%)
매각물건	토지·건물 일괄매각	소유자	○○○	(입찰1명, 낙찰:○○○)
개시결정	2017-12-11	채무자	○○○	매각결정기일 : 2018.05.23 - 매각허가결정
사건명	임의경매	채권자	○○○	대금지급기한 : 2018.06.27
				대금납부 2018.06.26 / 배당기일 2018.08.03
				배당종결 2018.08.03

출처: 굿옥션

계약월	매매		전세		월세	
	거래금액(만원)	층	거래금액(만원)	층	거래금액(만원)	층
2018.05	64,000	22	51,000	22	-	
	63,500	15	50,000	13	-	
	62,000	13	50,000	17	-	
	61,800	13	47,000	8	-	
	60,000	22	-		-	
	57,400	3	-		-	
	56,000	1	-		-	

출처: 네이버 부동산, 국토교통부 실거래가

부산 동래구 명장동 명장유림노르웨이숲아이비 전용 84㎡ 3층을 2억 7,000만 원에 낙찰 받았다. 실거래가를 기준으로 시세는 3억 1,000만 원 정도로 시세보다 4,000만 원 싸게 매입했다.

이 두 가지 사례 중 어느 쪽이 더 잘한 투자일까? 서울 관악드림타운의 경우 3,300만 원을 할인 받았지만 시세 대비 할인율은 6%가 조금 안 된다. 이에 비해 부산 명장유림노르웨이숲아이비는 할인액이 4,000만 원이며 할인율은 무려 13%에 육박한다. 수치만 본다면 부산 명장유림노르웨이숲아이비의 완승이다. 하지만 과연 그럴까?

2017타경8097 • 부산지방법원 본원 • 매각기일 : 2018.05.11(金) (10:00) • 경매 2계(전화:051-590-1813)

소 재 지	부산광역시 동래구 명장동 300-106, 명장유림노르웨이숲아이비 102동 3층 ○○호
새 주 소	부산광역시 동래구 시실로 181, 명장유림노르웨이숲아이비 102동 3층 ○○호

물건종별	아파트	감 정 가	307,000,000원
대 지 권	34.394㎡(10.404평)	최 저 가	(80%) 245,600,000원
건물면적	84.366㎡(25.521평)	보 증 금	(10%) 24,560,000원
매각물건	토지·건물 일괄매각	소 유 자	○○○
개시결정	2017-07-27	채 무 자	○○○
사 건 명	임의경매(공유물분할을위한 경매)	채 권 자	○○○

오늘조회: 1 2주누적: 2 2주평균: 0

구분	입찰기일	최저매각가격	결과
1차	2018-04-06	307,000,000원	유찰
2차	**2018-05-11**	**245,600,000원**	

낙찰 : 270,033,000원 (87.96%)

(입찰3명, 낙찰:부산시 ○○○○○ |드텐 / 차순위금액 256,110,000원)

매각결정기일 : 2018.05.18 - 매각허가결정

대금지급기한 : 2018.06.20

대금납부 2018.06.20 / 배당기일 2018.07.17

배당종결 2018.07.17

출처: 굿옥션

계약월	매매		전세		월세	
	거래금액(만원)	층	거래금액(만원)	층	거래금액(만원)	층
2018.09	-		20,000	7	-	
2018.08	29,000	13	-		-	
2018.03	31,000	5	-		-	
2018.01	-		-		8,000/35	14

먼저 서울 관악구의 상승 패턴 그래프를 살펴보자.

관악구의 매매가격지수는 과거 A 구간에서 서울 평균 및 강남구와 비슷한 위치에 있었다. 2005년 1월부터 강남구가 급등하기 시작하면서 서울 평균도 조금씩 상승했다. 관악구는 상승 시기가 느렸고 A 구간 중간까지 상승폭도 완만했다. 하지만 이후 무서운 속도로 상승하여 결국 강남구와 서울 평균에 근접한 위치까지 올라갔다.

2018년 5월에 해당하는 B 구간을 보면 강남구가 먼저 큰 폭으로 상승했고 관악구는 약간의 움직임만 보일 뿐이다. 만약 과거의 패턴을 반복한다면 관악구는 머지않아 상승폭이 더 커질 가능성이 높은

● 서울 아파트 매매가격지수 추이 ●

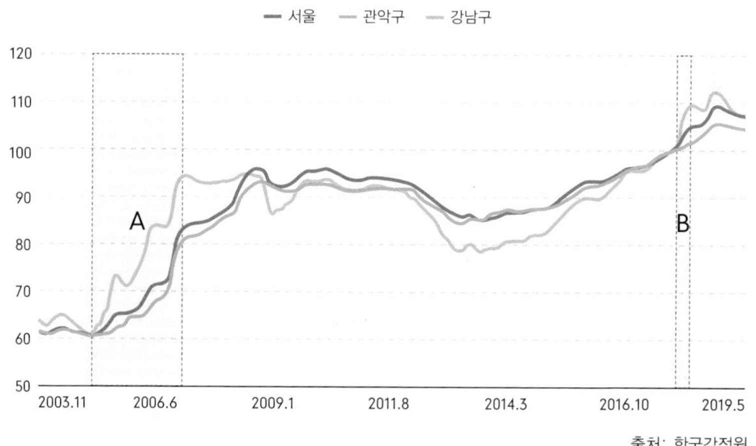

출처: 한국감정원

사례 분석 5

2018년 5월, 서울 관악구에 위치한 아파트의 경매사건이 진행됐다. 관악구는 노후된 주거환경 때문에 선호도가 떨어지는 지역이었지만 강남권 접근성이 좋은 데 비해 상대적으로 가격이 많이 저렴했기 때문에 2018년 초부터 적극적으로 추천했던 지역이었다.

당시 관악구에는 몇몇 괜찮은 경매물건이 있었지만 아무도 거들떠보지 않았다. 하지만 지금은 땅을 치고 후회하는 사람들이 적지 않을 것이다. **이 물건은 단 1명만이 입찰하여 5억 3,700만 원에 낙찰 받았다.**

당시 일반층의 시세는 6억 원이 약간 넘었고, 이 물건은 2층임을

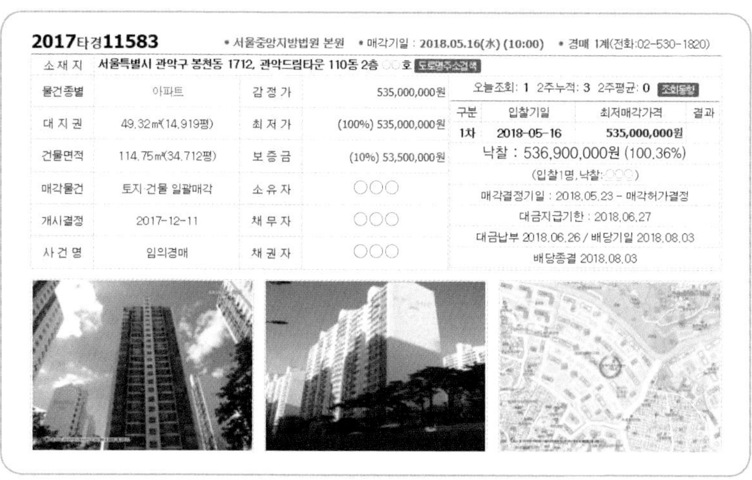

2017타경11583 • 서울중앙지방법원 본원 • 매각기일 : 2018.05.16(水) (10:00) • 경매 1계(전화:02-530-1820)

소재지	서울특별시 관악구 봉천동 1712, 관악드림타운 110동 2층 ○○호 도로명주소검색		
물건종별	아파트	감정가	535,000,000원
대지권	49.32㎡(14.919평)	최저가	(100%) 535,000,000원
건물면적	114.75㎡(34.712평)	보증금	(10%) 53,500,000원
매각물건	토지·건물 일괄매각	소유자	○○○
개시결정	2017-12-11	채무자	○○○
사건명	임의경매	채권자	○○○

오늘조회: 1 2주누적: 3 2주평균: 0 조회동향

구분	입찰기일	최저매각가격	결과
1차	2018-05-16	535,000,000원	

낙찰 : 536,900,000원 (100.36%)
(입찰1명, 낙찰:○○○)
매각결정기일 : 2018.05.23 - 매각허가결정
대금지급기한 : 2018.06.27
대금납부 2018.06.26 / 배당기일 2018.08.03
배당종결 2018.08.03

출처: 굿옥션

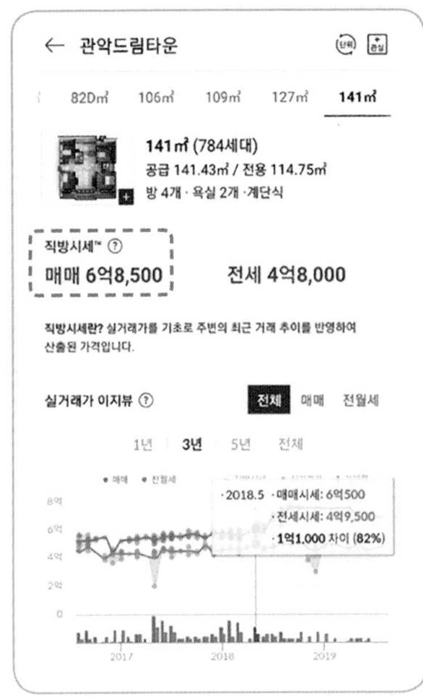

출처: 직방

감안하여 시세를 5억 8,000만 원 정도로 본다면 4,300만 원 정도 싸게 낙찰 받은 셈이다. 할인율도 나쁘지 않았지만 더 중요한 사실은 얼마 지나지 않아 가격이 상승했다는 것이다.

2019년 7월 기준 이 아파트의 일반층 시세는 6억 8,500만 원이다. 그런데 현재 서울의 분위기가 심상치 않다. 2019년 3월 갑자기 770호로 늘어난 미분양이 급격하게 소진되면서 현재 남은 호수는 123호이며, 무엇보다도 매수심리가 급격히 살아나고 있다.

2019년 6월, 46.9였던 매수우위지수가 계속 상승하기 시작하여 7월 말 86.7까지 올라서 있다. 따라서 서울은 2019년 후반기에 추가적인 상승이 있을 것으로 판단되며 이 아파트 또한 예외는 아닐 것이다.

사례 분석 6

2018년 6월, 서울 성북구에 위치한 아파트가 4억 6,500만 원에 낙찰되었다.

낙찰 당시 시세는 5억 1,000만 원으로 시세보다 4,500만 원 정도 싸게 잘 매입한 격이다. 이 아파트는 4호선 길음역 역세권에 위치하며 주거환경도 양호하다. 하지만 중대형이기 때문에 가격이 움직이는 타이밍이 중소형에 비해 다소 늦었다. 중소형은 제법 상승했지만 이 아파트는 아직 상승폭이 작은 상황이었고 낙찰 받은 시점이 바로 이 때였다.

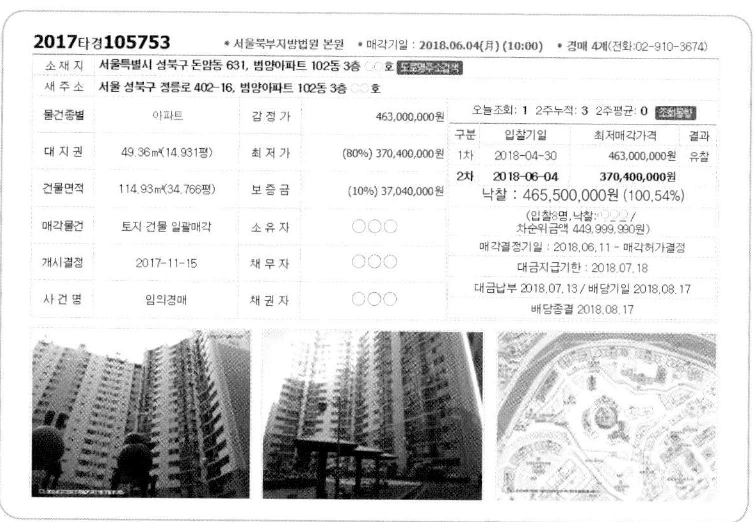

2017타경105753 • 서울북부지방법원 본원 • 매각기일 : 2018.06.04(月) (10:00) • 경매 4계(전화:02-910-3674)

소재지	서울특별시 성북구 돈암동 631, 범양아파트 102동 3층 ○○호 도로명주소검색		
새주소	서울 성북구 정릉로 402-16, 범양아파트 102동 3층 ○○호		
물건종별	아파트	감정가	463,000,000원
대지권	49.36㎡(14.931평)	최저가	(80%) 370,400,000원
건물면적	114.93㎡(34.766평)	보증금	(10%) 37,040,000원
매각물건	토지·건물 일괄매각	소유자	○○○
개시결정	2017-11-15	채무자	○○○
사건명	임의경매	채권자	○○○

오늘조회: 1 2주누적: 3 2주평균: 0 조회동향

구분	입찰기일	최저매각가격	결과
1차	2018-04-30	463,000,000원	유찰
2차	2018-06-04	370,400,000원	

낙찰 : 465,500,000원 (100.54%)

(입찰8명, 낙찰:○○○ / 차순위금액 449,999,990원)

매각결정기일 : 2018.06.11 - 매각허가결정

대금지급기한 : 2018.07.18

대금납부 2018.07.13 / 배당기일 2018.08.17

배당종결 2018.08.17

출처: 굿옥션

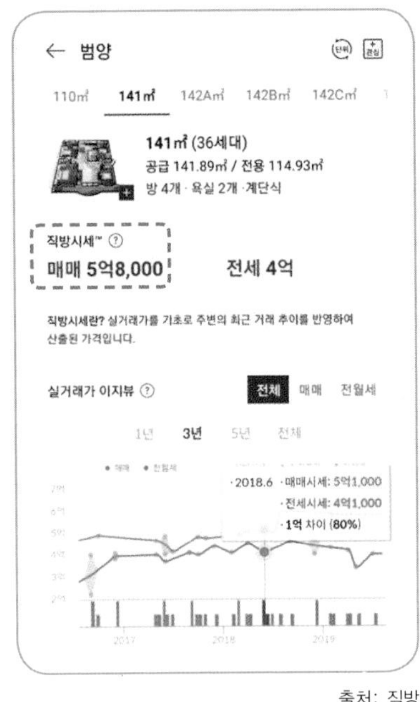

출처: 직방

역시나 얼마 지나지 않아 이 아파트의 시세도 상승하기 시작한다.

6억 원을 돌파했다가 9·13 대책 이후 약간의 조정을 받아 현재 시세는 5억 8,000만 원이다. 마찬가지로 2019년 후반기 반등을 기대해 볼 수 있는 아파트이다.

이렇듯 쌀 때 더 싸게 살 수 있는 황금 타이밍은 곳곳에 존재한다. 대개 그 지역은 대중이 관심을 갖는 지역이 아니라는 사실을 절대 잊어서는 안 된다.

세 번째 황금 타이밍

마지막 황금 타이밍은 2018년 9·13 부동산 대책 발표 이후였다. 2018년 9월까지 서울의 25개 구 전부가 폭등에 동참했다.

이 시기가 바로 다음 그래프의 D 구간이다. 매수심리가 역대 최고점까지 치솟으면서 완연한 매도자 우위 시장이 형성되었으며 당연히

● 서울 아파트 매수우위지수·매매가격지수 추이 ●

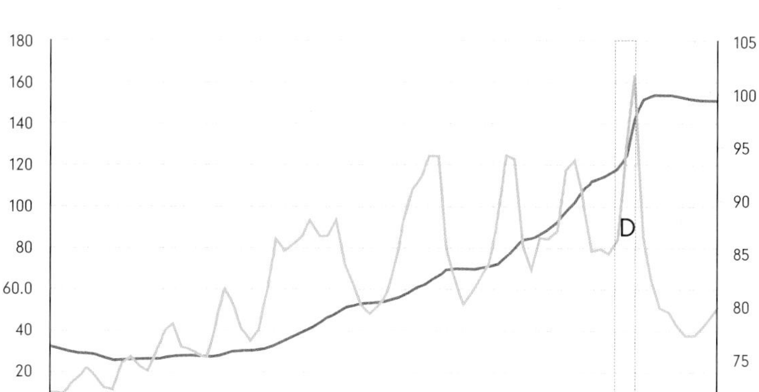

출처: KB부동산 데이터를 토대로 작성

매매가격 또한 수직 상승했다. 서울 전역이 관심 지역으로 등극하자 부동산 경매 시장은 오히려 메리트를 잃어가기 시작한다. 아무도 관심을 갖지 않았던 관악구까지 폭등하기 시작했고 과열된 분위기는 터무니없는 낙찰가로 이어졌다.

사례 분석 1

2018년 8월, 서울 봉천동 벽산블루밍 전용 59㎡의 시세는 4억

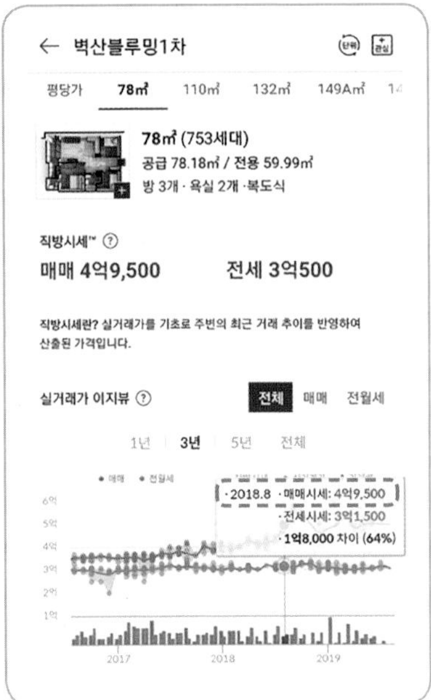

출처: 직방

9,500만 원이었다. 하지만 이 아파트의 낙찰가는 어처구니없게도 시세보다 높은 5억 300만 원이었다.

경매란 시세보다 싸게 사기 위해서 참여하는 것인데 시세와 별 차이가 없는 가격이거나 하물며 시세보다 높은 가격에 낙찰되는 경우는 대부분 투자자들이 정확한 시세 파악 없이 경매에 참여하기 때문에 발생

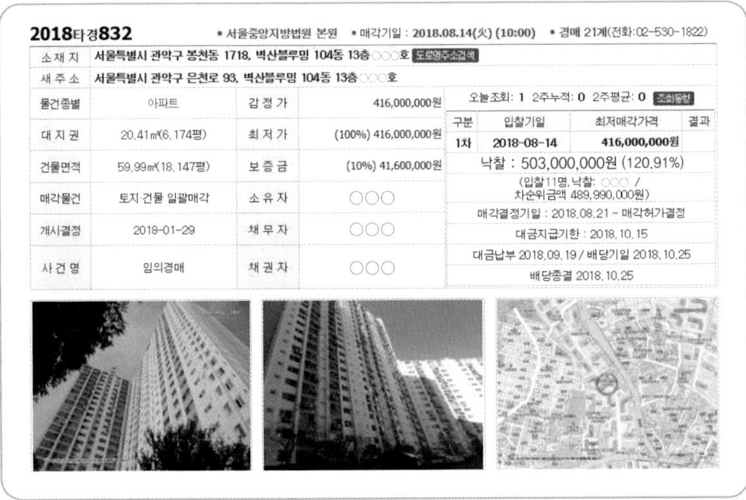

2018타경832 • 서울중앙지방법원 본원 • 매각기일 : 2018.08.14(火) (10:00) • 경매 21계(전화:02-530-1822)

소재지	서울특별시 관악구 봉천동 1718, 벽산블루밍 104동 13층 ○○○호 도로명주소검색		
새주소	서울특별시 관악구 은천로 93, 벽산블루밍 104동 13층 ○○○호		
물건종별	아파트	감정가	416,000,000원
대지권	20.41㎡(6.174평)	최저가	(100%) 416,000,000원
건물면적	59.99㎡(18.147평)	보증금	(10%) 41,600,000원
매각물건	토지·건물 일괄매각	소유자	○○○
개시결정	2018-01-29	채무자	○○○
사건명	임의경매	채권자	○○○

오늘조회: 1 2주누적: 0 2주평균: 0 조회동향

구분	입찰기일	최저매각가격	결과
1차	2018-08-14	416,000,000원	

낙찰 : 503,000,000원 (120.91%)
(입찰11명, 낙찰: ○○○ / 차순위금액 489,990,000원)
매각결정기일 : 2018.08.21 - 매각허가결정
대금지급기한 : 2018.10.15
대금납부 2018.09.19 / 배당기일 2018.10.25
배당종결 2018.10.25

출처: 굿옥션

한다. 게다가 이때처럼 시장이 한창 불타올라 거래 가격이 하루하루 달라지면서 투자자들이 이성을 잃게 되면 이같은 현상이 종종 나타난다.

이처럼 서울 전역의 아파트가 폭등하자 정부는 또 다시 9·13 부동산 대책이라는 초대형 폭탄을 투하했다. 이후 2019년 6월까지 서울, 수도권은 9·13 대책의 영향권에서 벗어나지 못했다.

그렇다면 이 시기도 부동산 경매의 황금 타이밍이라 할 수 있을까? 지금까지의 내용을 숙지했다면 이 질문에 답할 수 있어야 한다. 과연 대답대로 진행되었는지 살펴보자.

사례 분석 2

9·13 대책 발표 직후 서울 부동산 시장은 패닉에 빠졌다. 역대급 수위의 대출 규제 정책으로 투자자들은 물론 실수요자들도 한동안 아무것도 할 수 없었다. 정책이 워낙 복잡하고 촘촘했기 때문에 대출을 담당하는 은행 실무자들도 정부의 규제 내용을 이해하지 못했다. 제대로 된 지침이 세워지고 실행하는 데까지 제법 많은 시간이 걸렸다.

부동산 경매 시장 또한 마찬가지였고 이러한 분위기는 낙찰가에 영향을 주기 시작한다. 9·13 대책 직후, 서울 서초구에 위치한 아파트의 낙찰가는 13억 2,000만 원이었다.

당시 이 아파트의 시세는 14억 9,000만 원이었으니 시세보다 무려

● 서울 아파트 매수우위지수·매매가격지수 추이 ●

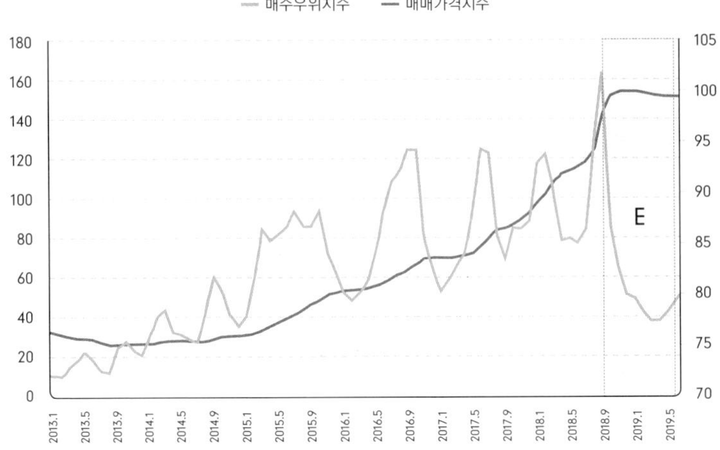

출처: KB부동산 데이터를 토대로 작성

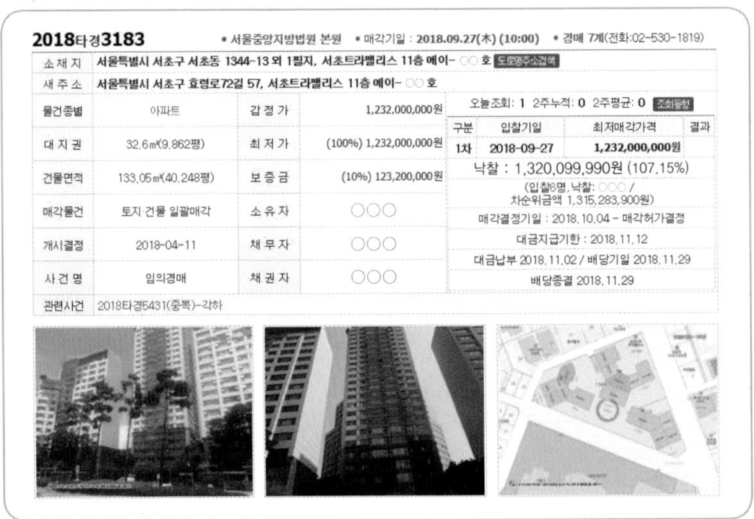

2018타경3183 • 서울중앙지방법원 본원 • 매각기일 : 2018.09.27(木) (10:00) • 경매 7계(전화:02-530-1819)

소 재 지	서울특별시 서초구 서초동 1344-13 외 1필지, 서초트라팰리스 11층 에이- ○○ 호 도로명주소검색		
새 주 소	서울특별시 서초구 효령로72길 57, 서초트라팰리스 11층 에이- ○○ 호		
물건종별	아파트	감 정 가	1,232,000,000원
대 지 권	32.6㎡(9.862평)	최 저 가	(100%) 1,232,000,000원
건물면적	133.05㎡(40.248평)	보 증 금	(10%) 123,200,000원
매각물건	토지·건물 일괄매각	소 유 자	○○○
개시결정	2018-04-11	채 무 자	○○○
사 건 명	임의경매	채 권 자	○○○
관련사건	2018타경5431(중복)-각하		

오늘조회: 1 2주누적: 0 2주평균: 0 조회동향

구분	입찰기일	최저매각가격	결과
1차	2018-09-27	1,232,000,000원	

낙찰 : 1,320,099,990원 (107.15%)
(입찰6명, 낙찰: ○○○ / 차순위금액 1,315,283,900원)
매각결정기일 : 2018.10.04 - 매각허가결정
대금지급기한 : 2018.11.12
대금납부 2018.11.02 / 배당기일 2018.11.29
배당종결 2018.11.29

출처: 굿옥션

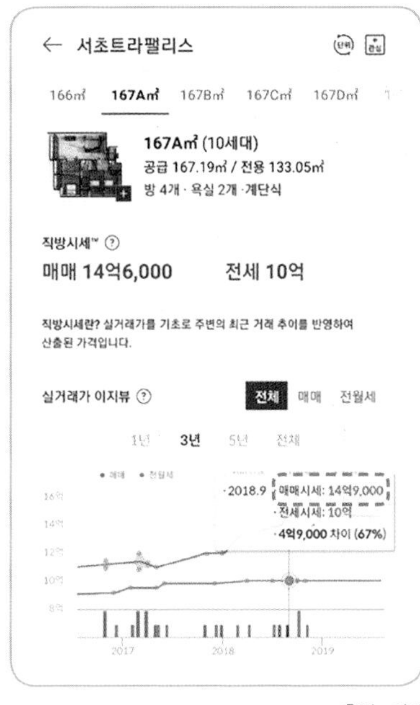

출처: 직방

1억 7,000만 원이나 싸게 낙찰 받았다. 항상 관심이 끊이지 않고 경쟁이 치열했던, 그래서 시세 대비 낙찰가율이 높았던 강남에 다시금 기회가 찾아온 것이다.

이 아파트는 낙찰 시점 대비 2019년 7월 현재 시세는 3,000만 원 가량 하락해 있는 상태다. 그럼에도 기회라고 이야기하는 이유는 서울이 다시 반등할 가능성이 높기 때문이다. 설령 반등하지 않는다 해도 시세보다 1억 7,000만 원이나 싸게 낙찰 받았다면 충분히 기회라 말할 수 있으며 손해를 볼 가능성 또한 매우 작을 것이다.

사례 분석 3

또 다시 부동산 경매 할인카드가 빛을 발하는 시점이 도래했다. 이 같은 분위기는 시장 흐름이 좋지 않았던 2019년 6월까지 계속되었다. 2019년 6월, 서울 서초구 아파트의 낙찰가는 10억 6,000만 원이

2018타경3213 • 서울중앙지방법원 본원 • 매각기일 : **2019.06.04(火) (10:00)** • 경매 3계(전화:02-530-1815)

소재지	서울특별시 서초구 우면동 753, 서초참누리에코리치 103동 12층○○○호 도로명주소검색		
새주소	서울특별시 서초구 양재대로2길 109, 서초참누리에코리치 103동 12층○○○호		
물건종별	아파트	감정가	1,100,000,000원
대지권	65.798㎡(19.904평)	최저가	(80%) 880,000,000원
건물면적	101.048㎡(30.567평)	보증금	(10%) 88,000,000원
매각물건	토지·건물 일괄매각	소유자	○○○
개시결정	2018-04-11	채무자	○○○
사건명	임의경매	채권자	○○○

오늘조회: 1 2주누적: 21 2주평균: 2 조회동향

구분	입찰기일	최저매각가격	결과
1차	2019-04-16	1,100,000,000원	유찰
2차	**2019-06-04**	**880,000,000원**	

낙찰 : 1,062,100,000원 (96.55%)

(입찰31명, 낙찰:화성 ○○○라 / 차순위금액 1,057,111,111원 / 차순위신고)

매각결정기일 : 2019.06.11 – 매각허가결정

대금지급기한 : 2019.07.19

대금납부 2019.07.11

출처: 굿옥션

구분	확인일	단지명 / 설명	면적	동	층	가격 / 중개사
매매	확인매물 19.06.15.	서초참누리에코리치 N 전망트인 상태 최상인 집입니다	128A/101	102동	중/25	**130,000** 부동산뱅크
매매	확인매물 19.06.15.	서초참누리에코리치 N 특 올수리한 전망좋은 판상형입니다	128A/101	102동	중/25	**130,000** 매경부동산
전세	확인매물 19.07.13.	서초참누리에코리치 N 45 제2롯데타워까지 보이는 시원한 전망	149B-1/118	104동	고/22	**90,000** 부동산뱅크

출처: 네이버 부동산 실거래가

조금 넘었는데 2019년 7월 기준 13억 원 미만의 매물은 없다. 이미 서울은 반등하고 있기 때문에 이는 단순 호가가 아닌, 실거래가가 될 가능성이 매우 높을 것으로 판단된다.

어쩌면 이 시기가 이번 서울 부동산 시장의 사이클 중 좋은 가격으로 강남에 진입할 수 있는 마지막 기회일 수도 있다. 다름 아닌 부동산 경매를 통해서 말이다. 이미 폭등해버린 강남은 9·13 대책 이후 하락세를 보였다. 이런 분위기에서 시세대로 매입하는 것은 결코 쉬운 일이 아니다.

하지만 부동산 경매를 통해 이처럼 몇 억 원이나 싸게 샀다면 이야기는 달라진다. 혹시 모를 하락에 대해서도 리스크 헤지가 가능하다는 것이다. 그런데 강남이, 서울이 다시 반등한다면 이제는 추가 상승한 가격으로 매입하는 일이 더 부담스러워질 것이다. 달이 차면 기울기 마련이다. 언젠가는 강남도 과거 2009년부터 2013년까지처럼 하락하는 사이클이 돌아올 수도 있기 때문이다.

사례 분석 4

이런 현상은 강남의 비싼 아파트에 국한된 것이 아니다. 서울 금천구 시흥동에 위치한 아파트가 3억 4,100만 원에 낙찰되었고 2019년 7월 기준 4억 2,000만 원 미만의 매물은 없다.

할인 받은 금액은 7,900만 원이고 할인율은 무려 20%에 육박한다.

이처럼 서울 부동산 시장은 2018년 12월까지 부동산 경매를 통한 폭탄세일을 계속 진행했다. 하지만 9·13 대책 발표 이후의 현시점은 예전 8·2 대책 발표 직후와는 조금 다르다.

2018타경103546 • 서울남부지방법원 본원 • 매각기일 : 2019.04.24(水) (10:00) • 경매 3계(전화:02-2192-1333)

소재지	서울특별시 금천구 시흥동 1008 외 1필지, 금강아파트 101동 18층○○○호 도로명주소검색		
새주소	서울특별시 금천구 독산로50길 57-2, 금강아파트 101동 18층○○○호		
물건종별	아파트	감정가	389,000,000원
대지권	31.872㎡(9.641평)	최저가	(80%) 311,200,000원
건물면적	84.65㎡(25.607평)	보증금	(10%) 31,120,000원
매각물건	토지·건물 일괄매각	소유자	○○○
개시결정	2018-06-19	채무자	○○○
사건명	임의경매	채권자	○○○
관련사건	2018타경7457(중복)		

오늘조회: 1 2주누적: 4 2주평균: 0 조회동향

구분	입찰기일	최저매각가격	결과
1차	2019-03-26	389,000,000원	유찰
2차	**2019-04-24**	**311,200,000원**	

낙찰 : 341,011,990원 (87.66%)

(입찰5명,낙찰:용인시 ○○○ 문DNC / 차순위금액 331,000,000원)

매각결정기일 : 2019.05.01 – 매각허가결정

대금지급기한 : 2019.06.07

대금납부 2019.06.05 / 배당기일 2019.07.23

출처: 굿옥션

매매	확인매물 19.06.20.	금강 N 남향	143/115	101동	저/20	**47,000** 부동산뱅크
매매	확인매물 19.07.03.	금강 N	109/84	101동	중/20	**43,000** 매경부동산
매매	확인매물 19.07.02.	금강 N 조용하고 전망좋으며 깔끔함	109/84	101동	중/20	**42,000** 매경부동산

출처: 네이버 부동산 실거래가

우선 서울의 전반적인 가격 위치가 8·2 대책 때보다 많이 높아졌고, 주택담보대출 규제와 보유세 강화 정책이 가시화되고 있으며, 3기 신도시 계획 발표도 한몫 하고 있다. 이러한 이유로 매도자와 매수자

간의 줄다리기가 길어지고 있다. 매도자 입장에서는 9·13 대책 직전 소위 부르는 게 값인 매도자 우위시장을 경험했다. 당시 한껏 매매호가를 높였고 그 호가가 일부 지역에서는 실거래가격으로 연결되었지만 일부 지역에서는 연결되지 않은 채 9·13 대책이 발표되었다.

9·13 대책 이후 매수심리가 급감하면서 서울 아파트 시장은 다시 매수자 우위시장으로 전환됐다. 이러한 상태에서 매도자는 호가를 낮추지 않고 있고 매수자는 그 호가에 응하지 않으면서 줄다리기가 팽팽하게 유지되고 있었다.

하지만 이제 서서히 줄다리기 승부의 결과가 표면화되고 있다. 매도자 쪽으로 분위기가 기울면서 서울의 반등은 시작되었다.

STEP 4

지금 시작해야 인생을 살 수 있다

위기 속에서 기회를 찾아라

2019년 후반과 2020년은 부동산 경매에 있어 기회의 시장일까? 아니면 위기의 시장일까? 지금까지의 낙찰 사례 중 가장 분위기가 우려스러운 서울 강동구 지역의 물건을 대상으로 분석해보도록 하자.

기존 강남 3구에 9호선 연장의 교통 호재와 더불어 여러 아파트의 재건축으로 주거환경이 획기적으로 약진한 강동구가 가세하면서 이젠 강남 4구로 불린다. 강동구는 그동안 상승폭도 매우 컸을 뿐만 아니라 2019년 집중된 입주물량도 많다.

사례 분석

2018년 9월, 서울 강동구의 선사현대 전용 83㎡의 시세는 8억 5,000만 원, 낙찰가는 7억 4,000만 원이니 낙찰 받은 시점만 본다면 큰 수익을 올릴 수 있는 건이다.

문제는 하락에 대한 우려다. 9·13 대책 이후 서울 아파트 시장 분위기는 꽁꽁 얼어붙었고, 강동구 인근 9,510세대의 초대형 단지인 송파구 헬리오시티의 입주가 2018년 12월 31일부터 시작되었기 때문에 송파구는 물론 강남구, 강동구의 전세가격 하락이 진행되고 있으며, 매매가격 또한 소폭 하락세에 접어들었다. 게다가 2019년에는 강

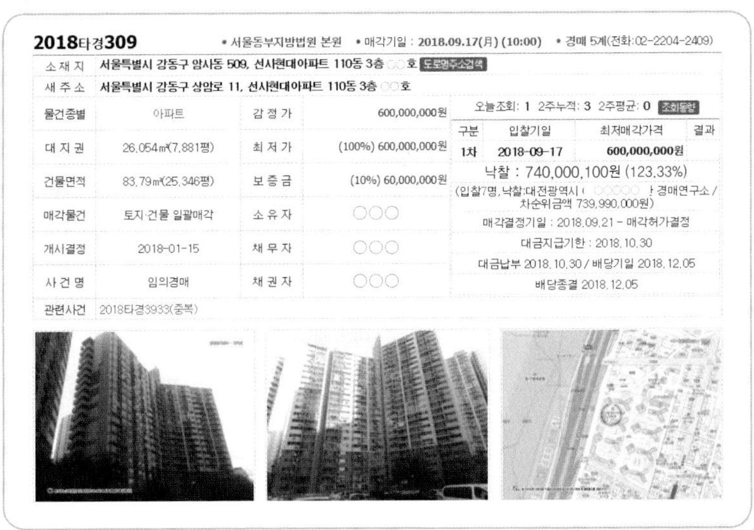
2018타경309 • 서울동부지방법원 본원 • 매각기일 : 2018.09.17(月) (10:00) • 경매 5계(전화:02-2204-2409)

소 재 지	서울특별시 강동구 암사동 509, 선사현대아파트 110동 3층 ○○호 도로명주소검색		
새 주 소	서울특별시 강동구 상암로 11, 선사현대아파트 110동 3층 ○○호		
물건종별	아파트	감 정 가	600,000,000원
대 지 권	26.054㎡(7.881평)	최 저 가	(100%) 600,000,000원
건물면적	83.79㎡(25.346평)	보 증 금	(10%) 60,000,000원
매각물건	토지·건물 일괄매각	소 유 자	○○○
개시결정	2018-01-15	채 무 자	○○○
사 건 명	임의경매	채 권 자	○○○
관련사건	2018타경3933(중복)		

오늘조회: 1 2주누적: 3 2주평균: 0 조회동향

구분	입찰기일	최저매각가격	결과
1차	2018-09-17	600,000,000원	

낙찰 : 740,000,100원 (123.33%)
(입찰7명, 낙찰:대전광역시 ○○○○○ 경매연구소 / 차순위금액 739,990,000원)
매각결정기일 : 2018.09.21 - 매각허가결정
대금지급기한 : 2018.10.30
대금납부 2018.10.30 / 배당기일 2018.12.05
배당종결 2018.12.05

출처: 굿옥션

동구에 1만 1,000여 세대가 넘는 입주물량이 집중되어 있어 하락에 대한 부담이 적지 않다. 이 아파트 또한 이런 영향으로 일정 부분 하락을 했다. 그리고 하락세는 서울 전역으로 확산되면서 전문가들 사이에서조차 상반된 전망이 나오기 시작했다.

본격적인 하락 국면으로 접어들 것 vs 다시 반등할 것

나의 전망은 후자였다. 여전히 부족한 입주물량, 과거 최고점 대비 상대적으로 높은 전세가율, 제로에 가까운 미분양, 갈수록 뜨거워지는 청약 시장을 봤을 때 서울은 아직 상승할 에너지가 남아 있다고 판단했다. 이 전망은 여전히 변함없다. 하지만 만약의 경우 본격적인 하락장으로 접어든다면 이 아파트의 하락폭은 어느 정도이며 그에 따른 리스크는 얼마나 될까?

다음 왼쪽의 그래프는 선사현대(전용 83㎡) 아파트의 매매가 추이를, 오른쪽 그래프는 강동구 전체 아파트의 매매가격지수를 나타낸다. 이 아파트의 가격 변화를 들여다보면 2003년 6월, 3억 8,500만 원 정도에서 시작해 2008년에는 5억 6,000만 원까지 급등했다. 2009년부터 하락하기 시작하면서 5억 원까지 가격이 떨어졌다. 하지만 반등하기 시작해 2017년부터 폭등하면서 8억 1,000만 원까지 상승했지만 9·13 대책 이후 조정을 받아 7억 7,500만 원까지 떨어지는

● 선사현대(전용 83㎡) 매매가 추이 ● ● 강동구 아파트 매매가격지수 ●

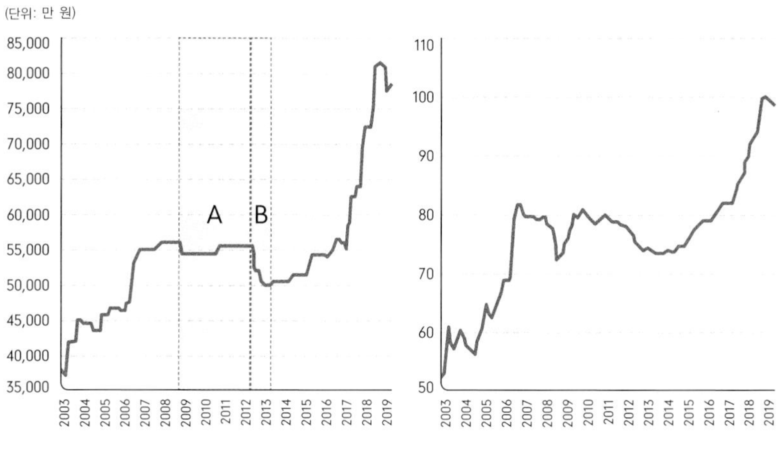

출처: KB부동산 데이터를 토대로 작성

현상이 일어났다.

2003년 6월부터 현재까지의 매매가 추이를 나타낸 그래프상으로는 과거 A 구간부터 시작된 보합 및 하락세가 B 구간에서 큰폭으로 떨어져 부담스럽게 느껴진다. 따라서 2019년부터 다시 하락 국면으로 접어든다면 현시점에서 매입했을 경우 손해를 볼 수도 있을 것이다. 실제로 2019년부터 이 아파트는 하락을 시작했다. 그러나 하락폭은 그다지 크지 않았고 2019년 후반기부터 반등의 기미를 보이고 있다. 만약 이 분위기대로 반등에 성공한다면 하락에 대한 걱정은 기우가 될 것이다.

그런데 이 그래프에 나타나 있지 않은 매우 중요한 사실이 있다. 이 아파트는 2000년 6월에 준공되었는데 그래프에서 2003년 6월 이전의 데이터가 반영되지 않았다는 점이다. 즉, 준공된 2000년 6월부터 2003년 5월까지의 움직임이 나타나 있지 않다. 국토교통부의 실거래가나 KB부동산, 한국감정원 등의 기관에서 제공하는 데이터가 존재하지 않기 때문이다. 그렇다면 이 기간 동안의 데이터가 존재하는 다른 자료들을 참고해 과거 움직임을 유추해보자.

다음 그래프는 서울시 전체와 강동구의 매매가격지수를 나타낸다.

서울과 강동구의 매매가격지수 그래프는 2006년부터 2008년 사이 상승폭과 하락폭, 그리고 시기가 조금 달랐던 것 외에는 거의 비슷한 모양새를 가지고 있다. 그렇다면 선사현대의 패턴과 강동구의 패

● 강동구 아파트 매매가격지수 추이 ● ● 서울 아파트 매매가격지수 추이 ●

출처: KB부동산 데이터를 토대로 작성

턴이 비슷했고, 강동구의 패턴과 서울의 패턴이 비슷했으니 서울의 패턴과 선사현대의 패턴도 비슷할 것이라는 가정하에 과거 움직임을 유추해볼 수 있다. 그래프를 보기에 앞서 2000년 6월에 준공된 선사현대(전용 83㎡)의 분양가는 얼마였을까? 놀랍게도 약 1억 5,000만 원이었다. 하지만 당시에도 분명 적지 않은 사람들이 1억 5,000만 원이란 분양가가 비싸다고 생각했을 것이다. 이 가격을 시작으로 시뮬레이션한 그래프는 다음과 같다.

그래프의 A 구간은 2000년 6월부터 2003년 5월까지의 기간이다. 서울의 경우 KB부동산에서 제공하는 데이터를 토대로 그래프로 나타내었고, 이를 근거로 선사현대의 가격 추이를 시뮬레이션 해보았다.

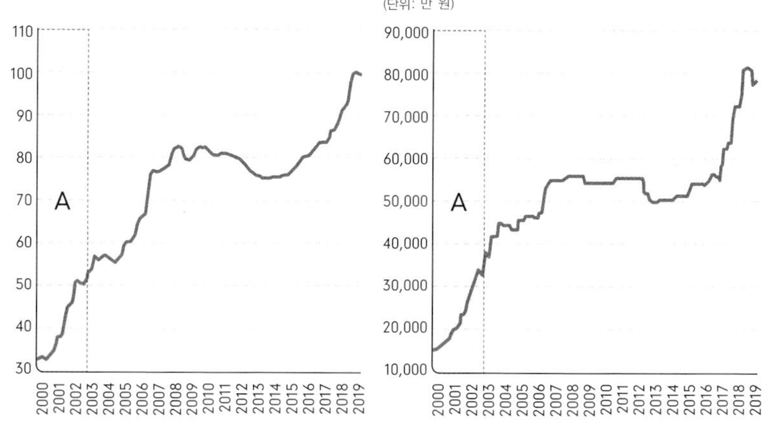

출처: KB부동산 데이터를 토대로 작성

완성된 선사현대의 전 구간 매매가격 추이를 살펴보자.

아래 왼쪽 그래프와는 달리 전 구간이 모두 표시되어 있는 오른쪽 그래프를 보면 2007년부터 2013년까지 진행되었던 하락폭이 그다지 크게 느껴지지 않을 것이다. 게다가 2013년부터 지금까지 상승한 폭도 과거 2000년부터 2007년까지 상승한 것에 비하면 마냥 과도한 것이라 단정 지을 수도 없다. 즉, 아직도 서울은 상승 여력이 남아 있다고 볼 수 있는데 이에 대해 자세히 들여다도록 하자.

부동산 가격의 움직임은 주기적으로 과거의 패턴을 반복하는 습성이 있다. 이를 한 사이클이라 하는데 먼저 옆 페이지 왼쪽 그래프를 살펴보자.

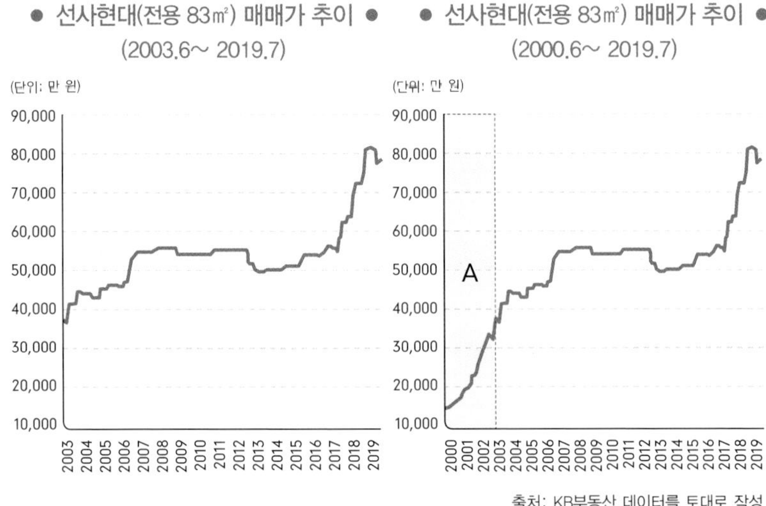

출처: KB부동산 데이터를 토대로 작성

● 선사현대(전용 83㎡) 매매가 추이 ●
(2003.6~ 2019.7)

● 선사현대(전용 83㎡) 매매가 추이 ●
(2000.6~ 2019.7)

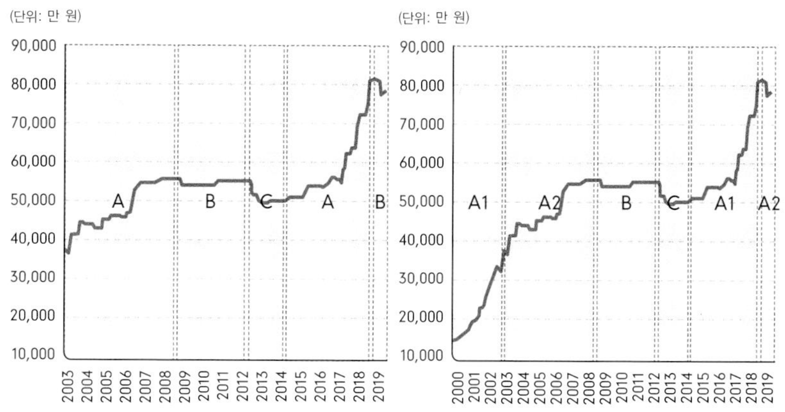

출처: KB부동산 데이터를 토대로 작성

A 구간은 상승기다. 상승기간은 6년 정도로 비교적 길었지만 상승폭이 그리 크게 느껴지지는 않는다. B 구간은 상승 이후 보합 및 약간의 하락을 하는 시기이다. 다행히 급작스럽게 떨어지지 않고 3년 정도의 준비기간이 있었다.

C 구간은 본격적인 하락기다. 하지만 하락기가 비교적 짧았고 하락폭도 크지 않았지만 A 구간의 그다지 크지 않았던 상승 정도에 비교한다면 C 구간의 하락폭이 부담스러울 수 있다. 그리고 다시 상승기인 A 구간으로 사이클이 전환되었다. 상승기간은 5년 정도로 기존 사이클의 상승기간보다 짧은 감이 있지만 상승폭은 훨씬 더 크다. 이러한 이유로 보합 및 하락세로 전환될 가능성이 높다는 전망이 나오기 시작한다.

시장 흐름을 읽으면 흔들리지 않을 수 있다

2017년 8·2 대책이 발표되고 시장은 위축되기 시작한다. 거래가 실종되면서 보합 및 하락세가 당분간 지속된다. 이제 서울의 상승은 끝났다는 전망이 지배하기 시작한다.

그런데 2000년 6월부터의 데이터가 모두 반영된 오른쪽 그래프를 보면 얘기가 달라진다. 중요한 사실은 A 구간의 상승기가 더 길었다는 것이다. 그래서 상승기를 A1과 A2로 분류할 수 있다.

A1 구간은 2000년 6월부터 2003년 5월까지 진행되었던 상승기다. 이 기간 동안의 상승 기울기는 무척 가팔랐다. A2 구간 또한 상승기였다. A1 구간이 반영되지 않았을 때는 A2 구간의 상승폭이 그다지 크게 느껴지지 않았지만 A1 구간과 함께 보면 지난 사이클의 상승기는 9년 정도로 매우 길었고 상승폭도 상당했음을 알 수 있다.

B 구간은 크고 길었던 상승 이후 보합 및 약간의 하락을 하는 시기였다. 길고 큰 폭으로 상승했음에도 급락하지 않고 3년 정도의 시간을 두며 연착륙했다.

C 구간은 본격적인 하락기다. 그런데 A1, A2를 합한 상승기와 비교한다면 하락폭은 미미해 보인다. 1억 5,000만 원에서 5억 6,000만 원까지 무려 370% 넘게 상승한 후 하락했던 최저가격은 5억 원이었다. 하락률은 고작 10% 남짓인 6,000만 원이었다.

이후 다시 상승기가 왔다. 상승기간은 5년 정도인데 상승 기울기는 매우 가파르다. 여기서 중요한 것은 기존 사이클의 상승기간이다. 기존 사이클의 상승기는 9년 정도였고 A1 구간에서는 급등, A2 구간에서는 다소 완만한 상승을 보였다.

그렇다면 최근 5년간 상승한 현재의 구간은 A1일까 A2일까? 당연히 A1이다. 앞으로 진행될 서울 아파트 시장의 흐름은 과거 A2의 성격 즉, 추가적인 상승으로 흘러갈 가능성이 대단히 높다는 뜻이다.

이것이 바로 서울의 상승 에너지가 남아 있다고 전망하는 근거 중

● 서울 디에이치 포레센트 청약접수 결과 ●

청약접수 결과 입주자 모집공고에 명시한 일반공급 가구수 및 예비입주자선정 가구 수에 미달 시 후순위 청약접수를 받습니다.

주택형	공급 세대수	순위		접수 건수	순위내 경쟁률 (미달 세대수)	청약결과	당첨가점			
							지역	최저	최고	평균
059.9200	26	1순위	해당지역	332	12.77	1순위 해당지역 마감 (청약 접수 종료)	해당지역	48	63	53.5
			기타지역	0						
		2순위	해당지역	0			기타지역	-	-	-
			기타지역	0						
121.9500	10	1순위	해당지역	239	23.90	1순위 해당지역 마감 (청약 접수 종료)	해당지역	58	74	64.6
			기타지역	0						
		2순위	해당지역	0			기타지역	-	-	-
			기타지역	0						
평균 경쟁률	62			996	16.06					

출처: APT2you

● 서울 롯데캐슬 클라시아 청약접수 결과 ●

청약접수 결과 입주자 모집공고에 명시한 일반공급 가구수 및 예비입주자선정 가구 수에 미달 시 후순위 청약접수를 받습니다.

주택형	공급 세대수	순위		접수 건수	순위내 경쟁률 (미달 세대수)	청약결과	당첨가점			
							지역	최저	최고	평균
059.7812A	9	1순위	해당지역	736	81.78	1순위 해당지역 마감 (청약 접수 종료)	해당지역	64	68	65.56
			기타지역	0						
		2순위	해당지역	0			기타지역	-	-	-
			기타지역	0						
112.50598	19	1순위	해당지역	685	36.05	1순위 해당지역 마감 (청약 접수 종료)	해당지역	57	79	63.4
			기타지역	0						
		2순위	해당지역	0			기타지역	-	-	-
			기타지역	0						
평균 경쟁률	375			12,241	32.64					

출처: APT2you

하나이다. 게다가 서울은 현재 미분양 아파트가 제로에 가까우며 한때 700호가 넘는 서울미분양의 주범이었던 e-편한세상 광진 그랜드파크는 불과 몇 개월만에 미분양이 모두 해소되었다. 최근 분양한 아파트들의 경쟁률도 여전히 높다. 지난 5월 강남구 일원동 디에이치 포레센트의 청약접수 평균 경쟁률은 16 대 1이 넘었고, 성북구 길음동 롯데캐슬 클라시아는 무려 32 대 1이 넘는 평균 경쟁률을 보였다.

강력한 부동산 정책만으로 부동산 시장이 하락할 가능성은 높지 않다. 서울의 부동산을 지금 형성되어 있는 호가대로 매입하는 것에 대해서는 고민해볼 필요가 있지만, 부동산 경매를 통해 지금의 시세보다 10% 이상 싸게 살 수 있다면 아직도 기회가 있는 곳들이 적지 않다.

앞서 예로 든 강동구 암사동 선사현대아파트 낙찰 사례가 바로 그렇다. 낙찰 받은 시점은 가장 꼭지였지만 낙찰 받은 가격은 시세보다 1억 1,000만 원이나 낮은 가격이기 때문에 하락에 대한 리스크도 헤지가 가능했던 것이다.

● 선사현대(전용 83㎡) 매매가 추이 ●

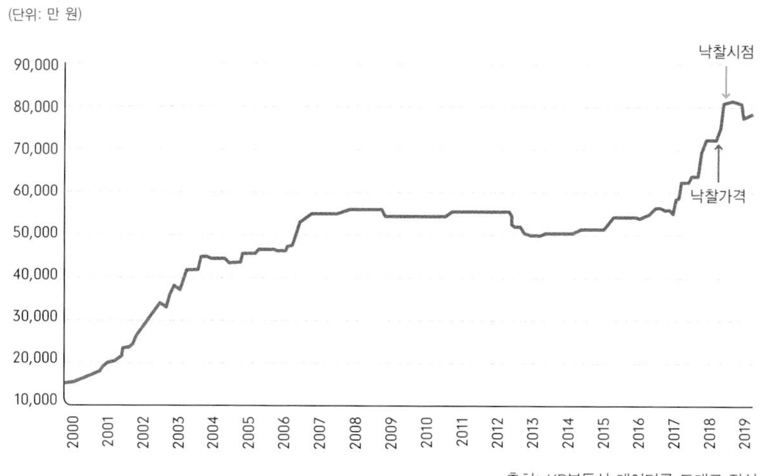

출처: KB부동산 데이터를 토대로 작성

앞서 설명했던 가능성이 실현되어 다시 반등한다면 괜찮은 수익도 기대할 수 있을 것이다. 그렇다면 서울만이 답일까? 서울의 반등이 시작되면 상승 분위기는 교통망을 타고 경기도 지역으로 번져나갈 가능성이 높다. 지금은 과도한 입주물량으로 움직임이 둔하지만 입주물량이 정리되는 과정을 참고하여 경기도와 인천에 관심을 가질 필요가 있다. 다음 그래프 하나만으로도 충분히 가능성을 예측해볼 수 있다.

서울과 경기도, 그리고 인천은 수도권이라는 울타리 안에서 지금껏 비슷하게 움직여왔다. 2016년부터 서울이 홀로 급격히 상승하기 시작했고, 현재는 그 격차가 크게 벌어져 있다. 격차를 줄이기 위해서는 서

● 지역별 아파트 매매가격지수 추이 ●

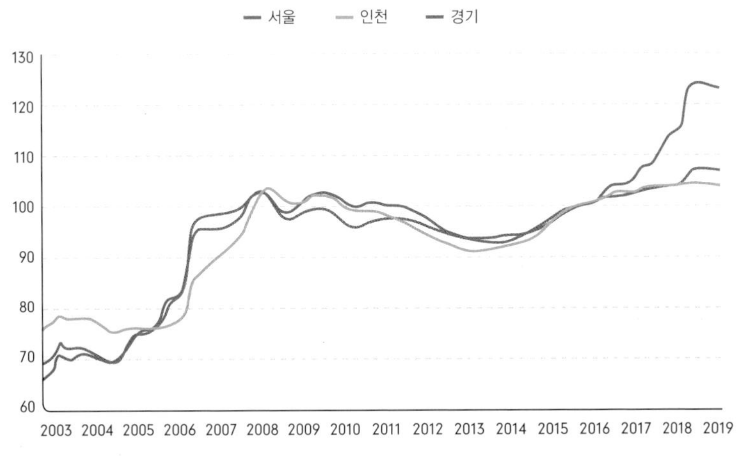

출처: KB부동산 데이터를 토대로 작성

울이 하락하거나 경기, 인천이 상승해야 한다. 그런데 서울이 하락하기는커녕 다시 반등한다면? 경기, 인천이 상승하지 않을 수 없을 것이다.

앞으로 어느 지역이 갑자기 반등할지, 언제 어떤 부동산 정책이 발표될지 정확히 예측할 수는 없다. 하지만 부동산 시장의 흐름을 체크하고 싸게 살 수 있는 할인카드를 준비해놓는다면 언제든 새로운 황금 타이밍을 잡을 수 있을 것이다.

STEP 5

부동산 재테크, 소액으로 시작하기

돈이 없어도 부동산 투자를 할 수 있을까?

대부분의 사람들이 부동산 투자는 큰돈이 있어야 가능한 일이라고 인식한다. 그리고 오랜 기간 동안 큰돈이 묶여 있어야 하는 투자로 알고 있다. 하지만 부동산 경매를 활용한다면 적은 투자금으로도 얼마든지 부동산 투자에 참여할 수 있다.

사례 분석 1

경기도 의정부시 신곡동에 위치한 이 아파트는 2005년 7월 5,100만 원 정도에 낙찰되었다. 당시 시세는 7,700만 원선이었으니 2,600만 원가량 싸게 매입한 것이다.

흥미로운 사실은 이 시기 전세 가격이 5,000만 원이었다는 것이다. 5,100여만 원에 낙찰 받았으니 전세로 임대하게 되면 최종적으로 투자한 금액은 취득비까지 합해 몇 만 원 수준밖에 되지 않는다. 묶여 있는 돈이 적으니 굳이 빨리 처분할 이유 없이 여유 있게 보유하면 된다. 만약 가격이 오르지 않는다 해도 살 때부터 싸게 샀으니 절대 손

2004타경46338 • 의정부지법 본원 • 매각기일 : 2005.07.06(水) (10:30) • 경매 7계(전화:031-828-0327)

소재지	경기도 의정부시 신곡동 169-20, 성원아파트 105동 17층○○○호 도로명주소검색		
물건종별	아파트(24평형)	감정가	70,000,000원
대지권	29.851㎡(9.03평)	최저가	(64%) 44,800,000원
건물면적	59.44㎡(17.981평)	보증금	
매각물건	토지·건물 일괄매각	소유자	○○○
개시결정	2004-09-02	채무자	○○○
사건명	임의경매	채권자	○○○

오늘조회: 1 2주누적: 0 2주평균: 0 조회동향

구분	입찰기일	최저매각가격	결과
1차	2005-04-27	70,000,000원	유찰
2차	2005-06-01	56,000,000원	유찰
3차	**2005-07-06**	**44,800,000원**	

낙찰 : 51,220,000원 (73.17%)

(입찰2명)

배당기일 : 2005.09.30

배당종결 2005.09.30

출처: 굿옥션

● 의정부 성원1차(전용 59㎡) 매매가·전세가 추이 ●

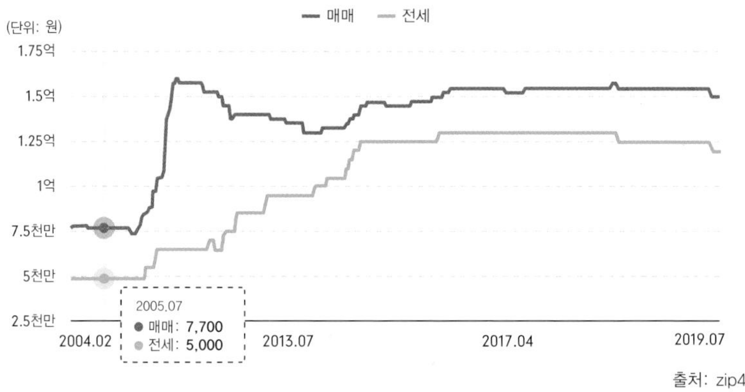

출처: zip4

해 볼 일은 없다.

이 아파트는 2004년부터 몇 년 동안 7,000만 원 중후반의 가격대를 유지하고 있다가 2007년 수도권 대세 상승장에서 폭등한 후 조정기를 거치며 1억 5,000만 원대의 시세를 유지하고 있다. 시세 대비 두 배, 낙찰가를 기준으로 한다면 세 배가 상승한 것이다. 이처럼 투자금이 적다 해도 경매를 활용하면 얼마든지 성공적인 투자를 할 수 있다.

시세보다 싸게 샀고 투자금 또한 적게 들어갔기 때문에 낙찰 후 2년이 지난 2007년에 이 아파트를 굳이 팔 이유가 없다. 더구나 2007년이면 서울 집값이 미친 듯이 상승하고 있었기 때문에 그 상황을 체크하고 있었다면 이 아파트를 섣불리 팔지는 않았을 것이다.

사례 분석 2

이쯤 되면 분명 이런 질문을 할 것이다. "옛날 그 시절엔 가능했을지 몰라도 지금은 불가능하지 않을까요?" 다음은 동일한 아파트 단지, 동일한 평형의 최근 낙찰 사례다.

2018년 12월, 1억 2,100만 원에 낙찰 받았는데 당시 시세는 저층과 탑층을 제외한 일반층이 1억 4,500만 원으로 시세보다 2,400만 원 정도 싸게 매입하였다.

재미있는 사실은 현재의 전세 시세가 1억 3,000만 원이라는 점이다. 1억 2,100만 원에 낙찰 받았으니 1억 3,000만 원에 전세로 임대

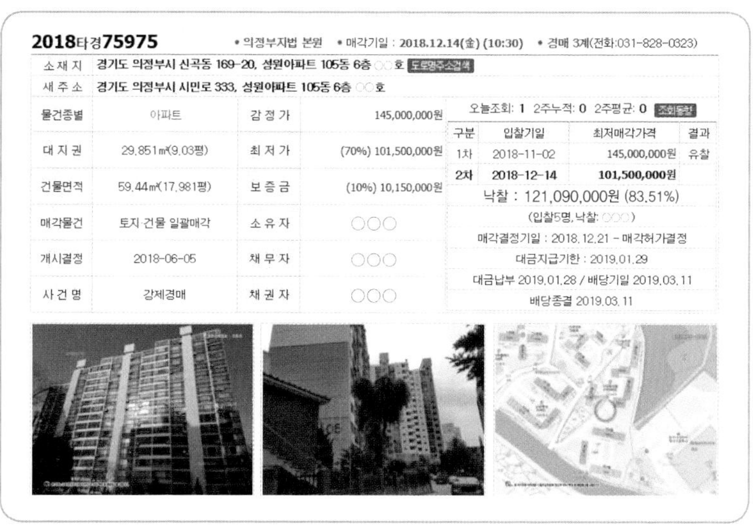

2018타경75975 • 의정부지법 본원 • 매각기일 : 2018.12.14(金) (10:30) • 경매 3계(전화:031-828-0323)

소재지	경기도 의정부시 신곡동 169-20, 성원아파트 105동 6층 ○○호 도로명주소검색		
새주소	경기도 의정부시 시민로 333, 성원아파트 105동 6층 ○○호		
물건종별	아파트	감정가	145,000,000원
대지권	29.851㎡(9.03평)	최저가	(70%) 101,500,000원
건물면적	59.44㎡(17.981평)	보증금	(10%) 10,150,000원
매각물건	토지·건물 일괄매각	소유자	○○○
개시결정	2018-06-05	채무자	○○○
사건명	강제경매	채권자	○○○

오늘조회: 1 2주누적: 0 2주평균: 0 조회동향

구분	입찰기일	최저매각가격	결과
1차	2018-11-02	145,000,000원	유찰
2차	2018-12-14	101,500,000원	

낙찰 : 121,090,000원 (83.51%)
(입찰5명, 낙찰: ○○○)
매각결정기일 : 2018.12.21 - 매각허가결정
대금지급기한 : 2019.01.29
대금납부 2019.01.28 / 배당기일 2019.03.11
배당종결 2019.03.11

출처: 굿옥션

거래	확인매물	매물	면적	동	층	가격
매매	확인매물 18.11.29.	성원1차 N 전망굿 조용한동 숲세권 이사정상	81/59	105동	3/17	14,500 매경부동산
매매	확인매물 18.11.28.	성원1차 N 24월 중순	81/59	104동	14/17	14,500 매경부동산
매매	확인매물 18.12.04.	성원1차 N 확장 올수리	81/59	104동	17/17	14,000 매경부동산
매매	확인매물 18.12.13.	성원1차 N	81/59	105동	저/17	13,800 매경부동산
전세	확인매물 18.11.29.	성원1차 N 도배,장판깨끗합니다,1월말2월초 입주가능	81/59	102동	14/17	13,000 부동산써브

출처: 네이버 부동산 실거래가

할 경우 이런저런 비용을 감안한다 해도 최종 투자금은 제로에 가깝다. 동일한 지역의 동일한 아파트인데 13년이나 지난 시점에도 이와 같은 소액투자가 가능하다는 사실이 놀랍지 않은가?

이런 유형의 투자방법은 현재 시점에서도 쉽게 찾을 수 있다. 하지만 여기서 중요한 점은 무조건 투자금이 적게 들어가는 유형에만 초점을 맞춰선 안 된다는 것이다. 지금껏 설명했듯 가장 중요한 것은 시장의 흐름이다. 그 흐름 안에서 소액투자 물건을 찾아야만 좋은 투자를 할 수 있다. 이와 관련된 내용은 다음 사례에서 힌트를 찾을 수 있다.

1억 7,100만 원에 낙찰 받은 이 아파트의 시세는 2억 원 정도로 시세 대비 3,000만 원 가까이 저렴하게 매입하였다.

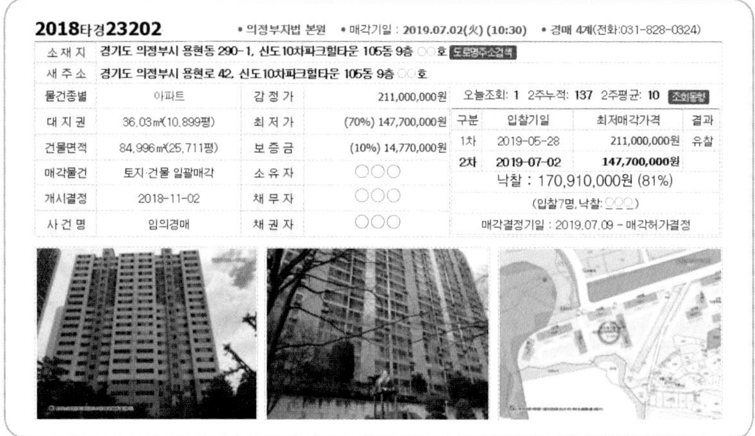

2018타경23202 • 의정부지법 본원 • 매각기일 : 2019.07.02(火) (10:30) • 경매 4계(전화:031-828-0324)

소재지	경기도 의정부시 용현동 290-1, 신도10차파크힐타운 105동 9층 ○○호 도로명주소검색		
새주소	경기도 의정부시 용현로 42, 신도10차파크힐타운 105동 9층 ○○호		
물건종별	아파트	감정가	211,000,000원
대지권	36.03㎡(10.899평)	최저가	(70%) 147,700,000원
건물면적	84.996㎡(25.711평)	보증금	(10%) 14,770,000원
매각물건	토지·건물 일괄매각	소유자	○○○
개시결정	2018-11-02	채무자	○○○
사건명	임의경매	채권자	○○○

오늘조회: 1 2주누적: 137 2주평균: 10 조회동향

구분	입찰기일	최저매각가격	결과
1차	2019-05-28	211,000,000원	유찰
2차	2019-07-02	147,700,000원	

낙찰 : 170,910,000원 (81%)

(입찰7명, 낙찰: ○○○)

매각결정기일 : 2019.07.09 - 매각허가결정

출처: 굿옥션

전세	확인매물 19.07.08.	집주인 신도10차파크힐타운 N 주인거주깔끔, 날자맞춰드려요	109/84	103동	16/21	17,000 부동산써브
전세	확인매물 19.07.08.	집주인 신도10차파크힐타운 N 올확장, 입주협의	109/84	103동	14/21	17,000 부동산써브
전세	확인매물 19.06.29.	집주인 신도10차파크힐타운 N 협의입주 전망좋음	99/75	105동	6/21	15,000 부동산써브

출처: 네이버 부동산 실거래가

● 의정부 신도10차파크힐타운(전용 84㎡) 매매가·전세가 추이 ●

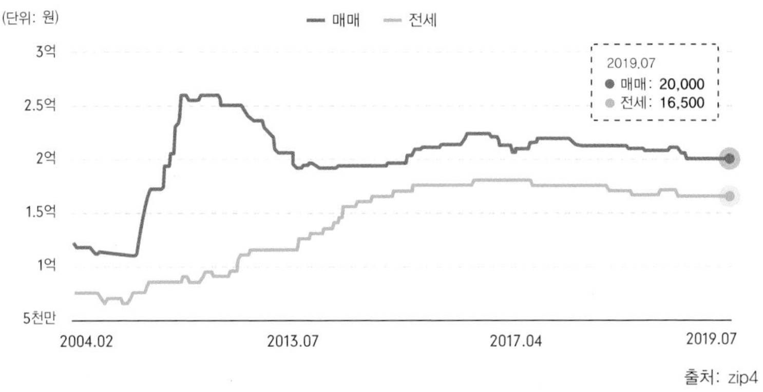

전세 시세는 1억 6,500만 원으로 현재 1억 7,000만 원보다 저렴한 매물은 없다.

1억 7,000만 원에 전세로 임대할 경우 최종 투자금은 몇 백만 원 정도가 된다. 적은 투자금에만 초점을 맞춘 게 아니다. 이 아파트는 도보로 10분이면 인근 경전철역인 어룡역에 도착할 수 있다.

현재 경전철의 활용도는 취약하지만 두 정거장만 가면 탑석역에 도착하며 탑석역은 7호선 연결이 예정된 곳이다. 따라서 7호선이 개통되면 7호선 역세권의 입지가 되는 호재를 가지고 있는 아파트이다.

의정부시가 어느 시점부터 가격이 상승할지는 정확히 예측할 수 없다.

과거 패턴을 살펴보면 경기도 중 비교적 상승 패턴이 빠른 안양시

출처: 네이버 지도

가 움직인 후 일정 기간이 지난 다음 폭등한 전례가 있고, 입주물량에 대한 부담도 있기 때문에 당장 큰 상승을 할 것이라 기대하긴 어렵다. 하지만 GTX-C 노선의 확정과 7호선 연장 등의 호재들이 언제부터 사람들의 심리에 반영될지는 지켜볼 필요가 있다.

시세보다 싸게 매입한데다 최종적으로 투입되는 투자금 또한 거의 없기 때문에 이런 호재가 시장가격에 반영될 때까지 여유 있게 기다릴 수 있다. 이와 같은 투자는 시간을 아군으로 만들 수 있는 시스템이다. 이러한 유형의 소액투자처는 의정부시에만 국한되지 않고 전국적으로도 찾아볼 수 있다.

● 경기도 아파트 매매가격지수 추이 ●

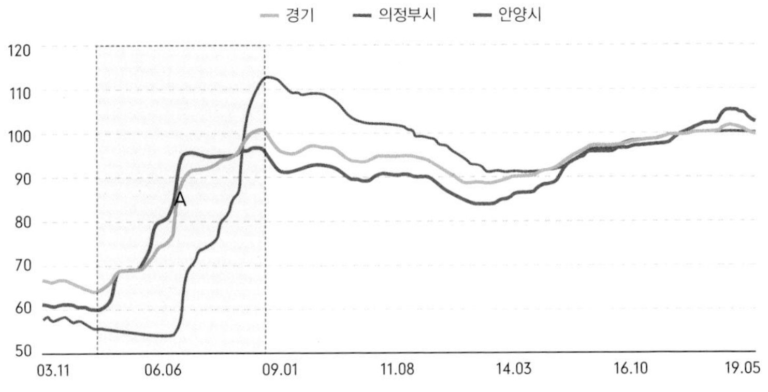

출처: 한국감정원

● 경기도 의정부시 기간별 수요 및 공급량 추이 ●

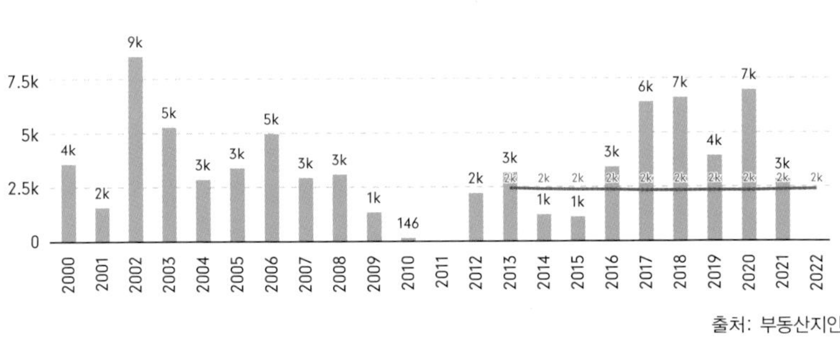

출처: 부동산지인

사례 분석 4

2018년 7월, 한 수강생이 낙찰 받은 사례다.

실거래가를 참고했을 때 시세는 2억 9,500만 원 정도이고 2억 5,700만 원에 낙찰 받았으니 3,800만 원가량 싸게 매입했다. 그런데 전세 시세는 2억 7,000만 원에서 2억 8,000만 원선이다. 즉, 전세를 놓으면 투입되었던 투자금 전부를 회수하고도 오히려 돈이 남는 물건이었다. 실제로 이 수강생은 명도 후 2억 7,000만 원에 전세를 놓았다.

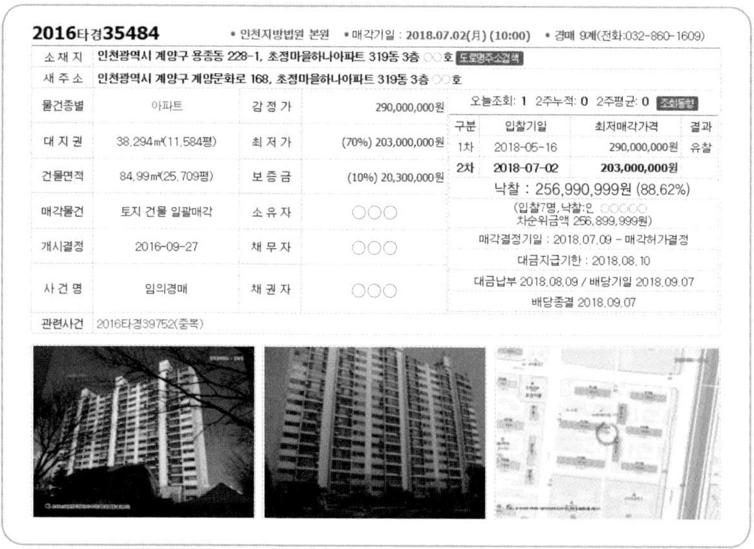

2016타경35484 • 인천지방법원 본원 • 매각기일 : 2018.07.02(月) (10:00) • 경매 9계(전화:032-860-1609)

소재지	인천광역시 계양구 용종동 228-1, 초정마을하나아파트 319동 3층 ○○호 도로명주소검색		
새주소	인천광역시 계양구 계양문화로 168, 초정마을하나아파트 319동 3층 ○○호		
물건종별	아파트	감정가	290,000,000원
대지권	38.294㎡(11.584평)	최저가	(70%) 203,000,000원
건물면적	84.99㎡(25.709평)	보증금	(10%) 20,300,000원
매각물건	토지 건물 일괄매각	소유자	○○○
개시결정	2016-09-27	채무자	○○○
사건명	임의경매	채권자	○○○
관련사건	2016타경39752(중복)		

오늘조회: 1 2주누적: 0 2주평균: 0 조회동향

구분	입찰기일	최저매각가격	결과
1차	2018-05-16	290,000,000원	유찰
2차	2018-07-02	203,000,000원	

낙찰 : 256,990,999원 (88.62%)

(입찰7명, 낙찰:인 ○○○○○ 차순위금액 256,899,999원)

매각결정기일 : 2018.07.09 - 매각허가결정

대금지급기한 : 2018.08.10

대금납부 2018.08.09 / 배당기일 2018.09.07

배당종결 2018.09.07

출처: 굿옥션

← 초정마을하나

2018.09	매매 3억2,000	16층
2018.09	매매 3억450	10층
2018.09	매매 3억300	16층
2018.09	전세 2억6,500	9층
2018.08	매매 2억9,300	6층
2018.08	매매 3억800	6층
2018.08	매매 3억500	9층
2018.08	매매 2억9,300	11층
2018.08	전세 2억8,000	3층
2018.07	매매 2억9,500	10층
2018.07	매매 2억8,000	18층
2018.07	매매 2억9,500	13층
2018.07	매매 3억1,900	17층
2018.07	매매 3억900	12층

출처: 직방

계약월	매매		전세		월세	
	거래금액(만원)	층	거래금액(만원)	층	거래금액(만원)	층
2018.12	30,000	15	28,000	16	4,000/85	5
	28,700	3	26,500	15	-	
	28,700	1	-		-	
2018.11	30,500	6	26,000	10	16,000/32	13
	28,500	17	25,000	13	3,000/85	11
	-		-		2,000/85	15
2018.10	32,550	18	27,000	3	10,000/50	9
	31,300	6	26,000	14	-	
	30,300	17	26,000	4	-	
	29,200	2	24,000	3	-	
	28,000	4	-		-	

출처: 네이버 부동산 실거래가

이 경매 사건도 한 수강생이 낙찰 받은 실제 사례다.

매매시세는 1억 4,000만 원 정도였는데 1억 1,700만 원가량에 낙찰 받았고 비규제지역이기 때문에 감정가 1억 5,000만 원 기준 60%인 9,000만 원의 대출을 받았다. 임대시세는 보증금 2,000만 원에 월세 50만 원선이다.

이 조건으로 임대할 경우 월세 50만 원을 받아 대출 9,000만 원에 대한 이자 25만 원 정도를 내고도 매월 25만 원이라는 돈이 계속 들어오는 구조가 된다.

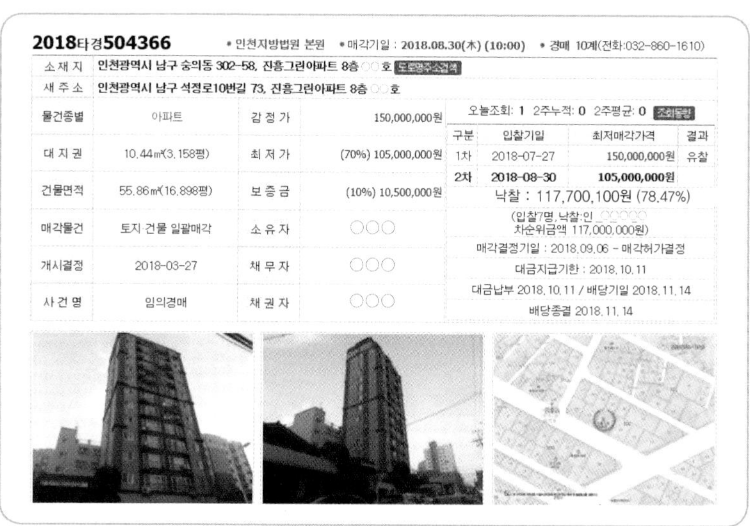

2018타경504366 • 인천지방법원 본원 • 매각기일 : 2018.08.30(木) (10:00) • 경매 10계(전화:032-860-1610)

소재지	인천광역시 남구 숭의동 302-58, 진흥그린아파트 8층 ○○호 도로명주소검색		
새주소	인천광역시 남구 석정로10번길 73, 진흥그린아파트 8층 ○○호		
물건종별	아파트	감정가	150,000,000원
대지권	10.44㎡(3.158평)	최저가	(70%) 105,000,000원
건물면적	55.86㎡(16.898평)	보증금	(10%) 10,500,000원
매각물건	토지·건물 일괄매각	소유자	○○○
개시결정	2018-03-27	채무자	○○○
사건명	임의경매	채권자	○○○

오늘조회: 1 2주누적: 0 2주평균: 0 조회동향

구분	입찰기일	최저매각가격	결과
1차	2018-07-27	150,000,000원	유찰
2차	2018-08-30	105,000,000원	

낙찰 : 117,700,100원 (78.47%)

(입찰7명,낙찰:인 ○○○○○ 차순위금액 117,000,000원)

매각결정기일 : 2018.09.06 - 매각허가결정

대금지급기한 : 2018.10.11

대금납부 2018.10.11 / 배당기일 2018.11.14

배당종결 2018.11.14

출처: 굿옥션

월세 50만 원 – 이자 25만 원 = **순수익 25만 원**

투입된 현금 흐름은 다음과 같다.

낙찰가	1억 1,770만 원
등기비	⊕ 230만 원
이사비, 수리비 등	⊕ α
취득가	1억 2,000만 원+α
대출금	⊖ 9,000만 원
보증금	⊖ 2,000만 원
실제 투자금	**1,000만 원+α**

잔금을 내면서 일시적으로 필요한 돈은 약 3,000만 원(취득가 1억 2,000만 원 - 대출 9,000만 원)인데 이때는 마이너스 통장을 잠시 활용하면 된다. 그리고 월세로 임대하고 보증금 2,000만 원이 들어오면 결국 투자금은 1,000만 원 + α가 된다. 하지만 그 대가로 매월 25만 원이라는 현금 흐름이 발생하며 이후 시세가 전혀 오르지 않아 1억 4,000만 원에 매도한다 해도 세후 약 1,800만 원의 수익이 발생하는 것이다.

물론 부동산 시장의 흐름에 따라 더 좋은 투자 유형은 얼마든지, 언제든지 존재한다. 하지만 이처럼 당장 투자할 수 있는 돈이 한푼도 없다 해도 1년 동안 1,000만 원을 모을 수 있고 한도 3,000만 원 정도의 마이너스 통장이 있다면 얼마든지 부동산 투자는 가능하다. 이렇게 1년에 한 채씩만 부동산을 모아간다 해도 10년 후 최소한 노후를 걱정할 일은 없을 것이다.

이처럼 기회는 항상 주변에 널려 있다. 그 기회가 보이지 않는 이유는 '안 된다'라는 고정관념으로 시도조차 해보지 않기 때문이다.

대출, 똑똑하게 활용하기

일반적인 사람들이 집을 살 때는 대출이 얼마나 가능한지가 매우 중요하다. 대출 가능 금액에 따라 현재 자금 사정에서 집을 살 수 있을지 여부가 결정되기 때문이다. 그런데 9·13 부동산 대책 이후 대출이 매우 까다로워졌다. 타깃은 투기 세력인데 실수요자들이 오히려 고통을 받고 있는 듯하다. 따라서 집을 살 때 내가 대출을 얼마나 받을 수 있는지를 체크하는 일이 무엇보다 중요해졌다. 다음 사항을 하나씩 체크하면서 대출이 가능한지, 가능하다면 얼마까지 받을 수 있는지를 미리 확인해보자.

가장 먼저 확인해야 할 사항은 매입하려 하는 지역이 규제대상 지역인지 여부다.

● 규제지역 현황 ●

	투기지역 (16개)	투기과열지역 (31개)	조정대상지역 (42개)
서울	강남, 서초, 송파, 강동, 용산, 성동, 노원, 마포, 양천, 영등포, 강서('17.8.3), 종로, 중구, 동대문, 동작('18.8.28)	전 지역 ('17.8.3)	전 지역 ('16.11.3)
경기	–	과천('17.8.3), 성남분당('17.9.6), 광명, 하남('18.8.28)	과천, 성남, 하남, 고양, 남양주, 동탄('16.11.3), 광명('17.6.19) 구리, 안양동안, 광교지구('18.8.28) 수원팔달, 용인수지·기흥
부산	–	–	해운대, 동래, 수영('16.11.3)
대구	–	대구수성('17.9.6)	–
세종	세종('17.8.3)	세종('17.8.3)	세종('16.11.3)

2019년 7월 8일 기준

만약 구입하려는 주택이 규제지역이 아니라면 주택담보대출을 받을 수 있는 한도는 무주택 세대의 경우 LTV 70%, 1주택 이상 세대의 경우 60%이다. 여기서 LTV란 'Loan To Value ratio'의 약자로 주택담보인정비율을 뜻한다. 주택을 담보로 금융기관에서 대출을 받을 때 주택가격(KB부동산 시세 중위가격)에 대한 비율이다. 예컨대 KB부동산

● 주택 구입 목적시 지역별 LTV·DTI 비율 ●

주택가격	구분		투기과열지구 및 투기지역		조정대상지역		조정대상지역 외 수도권		기타	
			LTV	DTI	LTV	DTI	LTV	DTI	LTV	DTI
고가주택 기준 이하 주택 구입시	서민 실수요자		50%	50%	70%	60%	70%	60%	70%	없음
	무주택 세대		40%	40%	60%	50%	70%	60%	70%	없음
	1주택 보유 세대	원칙	0%	-	0%	-	60%	50%	60%	없음
		예외	40%	40%	60%	50%	60%	50%	60%	없음
	2주택 이상 보유 세대		0%	-	0%	-	60%	50%	60%	없음
고가주택 구입시	원칙		0%	-	0%	-	고가주택 기준 이하 주택 구입시 기준과 동일			
	예외		40%	40%	60%	50%				

*고가주택은 공시가격 9억 원 초과 **음영 부분은 9·13 대책으로 변경된 사항

출처: 관계부처합동 주택시장안정대책

시세 1억 원인 아파트를 담보로 대출을 받을 경우 LTV가 60%라면 6,000만 원까지 주택담보대출을 받을 수 있다.

예컨대 주택 두 채를 보유하고 있는 세대의 구성원 중 한 명(이하 '○주택 세대'라 한다)이 경기도 의정부시에 있는 KB부동산 시세 2억 원의 아파트를 매입할 경우 의정부시는 조정대상지역 외 수도권에 해당되므로 LTV 60%를 적용받아 KB부동산 시세의 60%인 1억 2,000만 원까지 주택담보대출이 가능하다. 단, 소득대비 총부채상환비율인 DTI도 따져봐야 했는데 2018년 10월 31일부터 DSR이 도입되어 이제는 DSR을 적용해야 한다.

매입할 지역이 규제지역이라면 사정은 완전히 달라진다. 일단 무주택 세대라면 규제지역이라 해도 40~60%의 LTV를 적용받지만, 만약 주택이 한 채라도 있다면 원칙적으로 주택담보대출은 한푼도 받을 수 없다. 하지만 1주택자의 경우 집의 규모를 넓혀가거나 직장 등의 사정으로 집을 옮길 수 있기 때문에 아래와 같은 실거주 상황이라면 대출을 받을 수 있다.

1주택 세대가 다음과 같은 실수요 목적으로 규제지역 내 신규주택을 매입할 경우 기존 주택을 2년 이내 처분한다는 조건으로 LTV 40~60%의 대출을 받을 수 있다. 신규취득 주택으로 전입을 해야 하는 강제성은 없지만 기존 주택을 반드시 2년 이내 처분해야 한다.

- 서민·중산층의 '내집 키우기' 희망에 따라 거주지를 변경하고자 하는 경우
- 1주택자가 결혼, 동거 봉양(60세 이상 부모)을 위해 규제지역 내에서 주택을 일시적으로 신규로 취득하는 경우
- 부득이한 사유(그밖에 이에 준하는 것으로 인정되는 사유 포함)로 인해 규제지역으로 이사해야 하는 경우

  ※ (소득세법 시행세칙 제71조) ① 학교 취학 ② 근무상의 형편 ③ 1년 이상의 치료나 요양을 필요로 하는 질병의 치료 또는 요양 ④ 학교폭력으로 인한 전학

1주택 세대가 다음과 같은 실수요 목적으로 규제지역 내 신규주택을 매입할 경우 기존 주택을 처분하지 않는 조건으로도 LTV 40~60%의 대출을 받을 수 있다. 대신 요건이 까다로워져 대출 전후 3개월 이내 신규주택으로 전입을 했다는 자료(전입증명원)를 금융기관에 제출해야 하며 아래 사유에 해당되는 입증서류도 제출해야 한다.

- 부모와 동일세대를 구성하는 무주택자인 자녀의 분가, 부모와 동일 세대를 구성하는 서민층이 '내 집 마련' 목적으로 규제지역에서 주택을 신규로 취득하는 경우(단, 주택 구입 후 세대분리 필요)
  ※ 규제지역(예: 서울) 내 청년 및 서민의 주택금융을 활용한 주택 구입 지원 필요(편법 증여 등 문제는 조세행정 차원에서 대응)
- 타지역에 거주하는 60세 이상의 부모를 본인의 거주지 근처로 전입시켜 봉양(별거 봉양)하려는 경우
- 분가, 세대분리 없이 직장근무 여건 등으로 불가피하게 2주택을 보유하여 실거주하는 경우(단, 본인이 이를 명백하게 입증하는 경우)

하지만 2주택 세대부터는 규제지역에 신규주택을 매입하려면 어떤 경우에도 주택담보대출이 불가능하다. 기존 주택을 모두 처분하는 등의 조건으로도 불가능하다.

또한 1주택자 이상이라면 꼭 알고 있어야 중요한 사항이 있다. 신

규주택 취득 시 대출을 제한하는 기준인 주택 수를 카운팅하는 데 있어 재개발, 재건축 등 조합원 자격의 입주권은 당연히 주택 수에 산입된다. 분양권까지 주택 수에 산입되지만 오피스텔의 경우 주거용이라 해도 주택 수에 산입되지 않는다. 더 중요한 사실은 임대주택으로 등록된 주택 또한 주택 수에 산입되지 않는다는 것이다.

예를 들어 한 세대에서 일반주택 한 채와 오피스텔 한 채, 총 두 채를 보유하고 있다면 주택담보대출에 있어서 1주택 세대에 해당된다. 만약 오피스텔만 한 채 보유하고 있다면 무주택 세대가 된다. 그리고 일반주택 두 채를 보유하고 있는 상태에서 규제지역의 신규주택을 추가로 매입할 경우에는 대출이 불가능하지만 그 두 채 중 한 채를 임대주택으로 등록하게 될 경우 1주택 세대가 되어 앞서 설명한 실수요 목적을 충족한다면 신규주택에 대한 주택담보대출을 받을 수 있다.

새로운 대출한도 제대로 이해하기

자본주의 체제에서 통화량이 늘어나는 요인은 여러 가지가 있지만, 그중 대출이 차지하는 비중이 매우 크다. 즉, 대출이 많이 발생하면 그만큼 통화량이 증가하고 통화량이 증가하면 화폐 가치가 떨어지면서 물가가 상승하게 된다. 부동산 가격이 상승하는 요인도 이같은 현상과 무관하지 않다.

특히 개인이 주택을 사기 위해 이를 담보로 가계 대출을 일으키는 규모가 너무 커지면 그 과정에서 주택 가격에 대한 거품이 발생할 수 있다. 거품이 점점 커져 어느 순간 터지게 되면 그 피해는 고스란히 개인에게 돌아가기 때문에 정부 입장에서는 가계 대출 규모를 신경 쓰지 않을 수 없다. 그래서 개인 소득 대비 일정 수준 이상의 대출을 규제하는 것이 바로 DTI, DSR 등이다.

먼저 DTI란 'Debt To Income'의 약자로 '총부채상환비율'을 뜻한다. 쉽게 설명하면, 전체 소득 대비 전체 이자의 비율이다. 예를 들어 1년간 전체 소득이 1억 원일 경우 대출을 받아 1년 동안 납부해야 할 원금과 이자가 4,000만 원이라면 DTI는 40%가 된다.

그리고 2018년 1월 31일부터 신(新) DTI가 적용되었다. 기존에는 주택담보대출의 이자만 부채로 계산하던 방식에서 신 DTI는 원금과 이자 모두를 합해 계산한다. 그리고 주택담보대출 외 다른 부채에 대해서는 이자만 부채로 계산한다.

예를 들어 연소득 5,000만 원인 사람이 서울에 KB부동산 시세 5억 원의 아파트를 매입한다면 얼마의 대출을 받을 수 있을까? 우선 서울은 규제지역이기 때문에 무주택자거나 실거주 조건을 충족하는 1주택자만이 LTV 40%를 적용받아 KB부동산 시세 5억 원의 40%인 2억 원을 주택담보대출로 받을 수 있다. 더불어 신 DTI 40%도 충족해야 한다.

대출금 2억 원을 금리 3.5%에 30년 동안 원리금균등분할 상환방식(매월 납부하는 원금과 이자의 금액이 처음부터 끝까지 동일하게 계산된 상환방식)으로 할 경우 신 DTI는 다음과 같다.

연소득	5,000만 원
매입지역	서울(투기지역 또는 투기과열지구)
주택수	무주택 또는 1주택이지만 실거주 조건 충족
KB부동산 시세	5억 원
주택담보대출	2억 원
금리	3.5%
상환방식	원리금균등분할상환
상환기간	30년(360개월)

적용된 신 DTI는 21.55%로 40%에 훨씬 못 미치므로 2억 원을 대출받는 데 아무런 문제가 없다. 하지만 주택담보대출은 LTV 40% 한도인 2억 원까지만 가능하다. 그러나 아직 신 DTI 한도가 많이 남아 있기 때문에 다른 종류의 대출을 추가로 받을 수 있다. 그렇다면 신용대출 1억 원, 현재 전세로 살고 있는 집의 전세금을 담보로 1억 원(둘 다 금리는 4.5%로 가정), 총 2억 원의 대출을 받을 수 있을까? 시뮬레이션 한 결과는 다음과 같다.

5항 총연원리금부담금액은 연 1,000만 원 남짓으로 주택담보대출에 대한 원리금이다. 하지만 6항 기타부채이자부담은 연 900만 원으로 반영되었는데 주택담보대출 외의 대출은 원금을 제외한 이자만 신 DTI에 반영되기 때문이다(2억 원 × 4.5% = 900만 원).

계산 결과 신 DTI는 39.55%로 결국 총 4억 원의 대출이 가능하다.

● 신(新) DTI 적용 계산 ●

	적요	금액	비고
1	연소득	50,000,000	입력값
2	기타부채금액	0	입력값
3	주담대건수	1	(본건 포함)
4	연원리금1	10,777,073	1년에 상환할 평균 금액
5	총연원리금부담	10,777,073	모든 대출의 원리금 합
6	기타부채이자부담	0	기타부채금액 × 평균이자율(4.5%)
7	신 DTI	21.55%	주담대연원리금상환액 + 기타부채이자상환액 / 연소득 × 100

출처: 부동산계산기

● 신(新) DTI 적용 추가대출 가능액 계산 ●

	적요	금액	비고
1	연소득	50,000,000	입력값
2	기타부채금액	200,000,000	입력값
3	주담대건수	1	(본건 포함)
4	연원리금1	10,777,073	1년에 상환할 평균 금액
5	총연원리금부담	10,777,073	모든 대출의 원리금 합
6	기타부채이자부담	9,000,000	기타부채금액 × 평균이자율(4.5%)
7	신 DTI	39.55%	주담대연원리금상환액 + 기타부채이자상환액 / 연소득 × 100

출처: 부동산계산기

그런데 2018년 10월 31일부터 DSR이 도입되었다. DSR이란 'Debt Service Ratio'의 약자로 '총부채원리금상환비율'을 뜻한다.

DTI = 총부채상환비율

DSR = 총부채원리금상환비율

명칭을 보면 DSR에는 '원리금'이란 단어가 추가되었다. 신 DTI는 '주택담보대출 원리금 + 기타대출 이자'인데 DSR은 '주택담보대출 원리금 + 기타대출 원리금'이 전부 부채로 합산된다. 즉, 주택담보대출 외 모든 대출에 대해서도 '원금 + 이자'가 부채로 잡힌다는 뜻이다.

DTI = 주택담보대출 원리금 + 기타대출 이자

DSR = 주택담보대출 원리금 + 기타대출 원리금

앞서 DTI를 계산할 때 예로 든 동일한 조건을 DSR을 적용해 계산한 결과는 다음과 같다.

● DSR 적용 계산 ●

	적요	금액	비고
1	연소득	50,000,000	입력값
2	대출건수	3	(본건 포함)
3	연원리금1	10,777,073	1년에 상환할 평균 금액
4	연원리금2	12,436,609	1년에 상환할 평균 금액
5	연원리금3	27,364,183	1년에 상환할 평균 금액
6	총연원리금부담	50,577,865	모든 대출의 원리금 합
7	DSR	101.16%	총 연원리금상환액 / 연소득 × 100

출처: 부동산계산기

3항은 주택담보대출 2억 원에 대한 연 원리금이고, 4항은 신용대출 1억 원에 대한 원리금이다. DSR은 신용대출에 대한 상환기간을 10년으로 간주한다. 5항은 전세금 담보대출 1억 원에 대한 원리금인데 무려 2,700만 원이 넘는다. DSR 산정 시 전세보증금 담보대출의 경우 상환기간을 4년으로 간주하기 때문이다. 하지만 전세금 담보대출이 아닌 전세자금대출을 받을 경우 DSR에 반영되지 않는다.

이처럼 계산 방식을 달리한 DSR은 100%가 넘어섰다. 주택담보대출 외 대출의 원리금에 해당되는 비중이 크게 증가한 것이 원인이다. DSR의 대출규제 기준은 신 DTI의 40%가 아닌, 70%다. 70%를 초과하면 위험 대출로 분류하고 90%를 초과하면 고위험 대출로 분류한

● DSR 원리금 상환금액 산출 방식 ●

<table>
<tr><th>분류</th><th>종류</th><th>상환형태</th><th>원금</th><th>이자</th></tr>
<tr><td rowspan="4">주택
담보
대출</td><td rowspan="3">개별 주담대
및 잔금대출</td><td>전액 분할 상환</td><td>분활상환 개시 이후 실제 상환액</td><td rowspan="9">실
제
부
담
액</td></tr>
<tr><td>일부 분할 상환</td><td>분활상환 개시 이후 실제 상환액+
만기상환액 / (대출기간 – 거치기간)</td></tr>
<tr><td>원금 일시 상환</td><td>대출총액 / 대출기간(최대 10년)</td></tr>
<tr><td>중도금·이주비</td><td>상환방식 무관</td><td>대출총액 / 25년</td></tr>
<tr><td rowspan="5">주택
담보
대출
이외
기타
대출</td><td>전세자금대출</td><td>상환방식 무관</td><td>불포함</td></tr>
<tr><td>전세보증금 담보대출</td><td>상환방식 무관</td><td>대출총액 / 4년</td></tr>
<tr><td>신용대출 및
비주택 담보대출</td><td>상환방식 무관</td><td>대출총액 / 10년</td></tr>
<tr><td>기타대출</td><td>상환방식 무관</td><td>향후 1년간 실제 상환액</td></tr>
<tr><td>예·적금담보대출
유가증권담보대출</td><td>상환방식 무관</td><td>대출총액 / 8년</td></tr>
</table>

출처: 여신관리위원회

다. 요약하면 일반적으로 70%가 넘어갈 경우 대출이 쉽지 않아지며 90%가 넘어갈 경우 대출이 불가능해진다. 따라서 예시와 같이 100%가 넘어갈 경우 사실상 대출이 불가능하다.

주택을 매입할 때는 LTV와 함께 DSR 산출방식을 기준으로 기존에 있는 대출까지 전부 대입해보고 대출가능 금액을 산정해야 한다. 이렇게까지 복잡한 내용을 굳이 알고 있어야 할까? 대출을 받기 전에 가까운 은행에 방문해서 상담을 받아보면 될 것을 말이다. 하지만 그렇지 않다. 생각보다 많은 은행에서 9·13 부동산 대책 발표 이후 개인 부동산 담보대출을 잘 취급하지 않거나 매우 보수적으로 취급한다. 대출을 문의할 경우 지금까지의 내용을 따져보지도 않고 불가능하다는 답변을 줄 수도 있다. 하지만 지금과 같은 내용을 알고 있다면 대출이 불가능한 것이 아닌, 해당 은행에서는 취급하지 않는다는 뜻이니 대출이 가능한 다른 은행을 알아볼 수 있다.

앞서 대출에 대해 설명한 내용은 개인이 집을 매입할 때가 기준이었다. 하지만 정부 규제는 개인에게만 적용된다. 즉, 사업자라면 기준이 달라진다. 주택과 관련한 사업자는 임대사업자와 매매사업자, 그리고 법인이 있다.

먼저 임대사업자의 경우 기존 주택담보대출이 있을 경우 투기지역은 대출이 불가능하다. 하지만 투기과열지구의 경우 40%, 조정대상

● 최우선변제금 ●

담보물권 설정일자	지역	소액 보증금	최우선변제금
2018.09.18 ~	서울특별시	1억 1,000만 원 이하	3,700만 원
	과밀억제권역, 용인, 화성, 세종	1억 원 이하	3,400만 원
	광역시(과밀, 군 제외), 안산, 김포, 광주, 파주	6,000만 원 이하	2,000만 원
	그 밖의 지역	5,000만 원 이하	1,700만 원

지역과 비규제지역의 경우는 KB부동산 시세의 80% – 임차인 최우선변제금과 매입(낙찰) 가격의 80% 중 낮은 금액으로 대출이 가능하다. 최우선변제금이란 경매가 진행될 경우 임차인의 보증금액이 일정 금액 이하일 때 일반적인 배당 순서보다 우선해서 임차인에게 배당해주는 금액으로 '방 빼기' 또는 '방 공제' 금액이라고도 한다.

예를 들어 이미 주택이 두 채가 있는 세대가 고양시에 있는 아파트를 4억 원에 낙찰 받았다면(KB부동산 시세는 5억 원), 개인일 경우 대출이 불가능하지만 주택임대사업자로 등록한다면 다음과 같이 대출이 가능하다.

5억 원(KB부동산 시세) × 80% – 3,400만 원(소액 최우선변제금) = 3억 6,600만 원

4억 원(낙찰가) × 80% = 3억 2,000만 원

대출 가능 금액: 둘 중 낮은 3억 2,000만 원

하지만 매매사업자나 법인 명의로 매입한 주택의 경우는 투기지역, 투기과열지구의 경우도 KB부동산 시세의 80% – 소액 최우선변제금과 매입(낙찰) 가격의 80% 중 낮은 금액으로 대출을 받을 수 있다. 단, 매매사업자나 법인의 경우 전용면적 85㎡가 초과하는 주택일 경우 매도 시 건물분에 대한 10%의 부가가치세를 별도로 납부해야 한다는 사실을 유의해야 한다.

부동산 경매가 대출이 유리한 이유

주택담보대출을 받을 때 LTV의 기준은 KB부동산 시세다. 하지만 KB부동산 시세는 아파트만 책정되어 있고 그중에서도 단지 규모가 작은 아파트는 책정되어 있지 않은 경우도 있다. 이럴 경우 금융권에서 통상적으로 경매 진행 시 감정평가된 금액을 기준으로 LTV를 책정한다. 이 감정평가 금액은 시세보다 다소 후하게 평가되는 경향이 있다. 경매 진행 목적 자체가 채권회수인 것도 있지만 만약 시세보다 낮게 감정평가를 할 경우 소유자는 물론 채권자 입장에서 이의를 제기할 가능성이 높기 때문이다. 이런 이유로 경매물건을 낙찰 받았을 경우 일반적으로 매입하는 것보다 대출 받을 수 있는 금액이 많을 수도 있다.

사례 분석

앞서 예로 들었던 경매물건의 경우가 그렇다.

이 아파트의 시세는 1억 4,000만 원이지만 감정평가된 금액은 1억 5,000만 원이다. 그리고 이 아파트는 KB부동산 시세가 없다. 따라서 감정가 1억 5,000만 원을 기준으로 LTV 60%가 적용된 9,000만 원의 대출이 가능했다. 비규제지역이기 때문에 기존 주택 보유수와 상관없이 대출이 가능하다.

원칙적으로 이 금액에서 임차인 최우선변제금을 공제해야 하는데

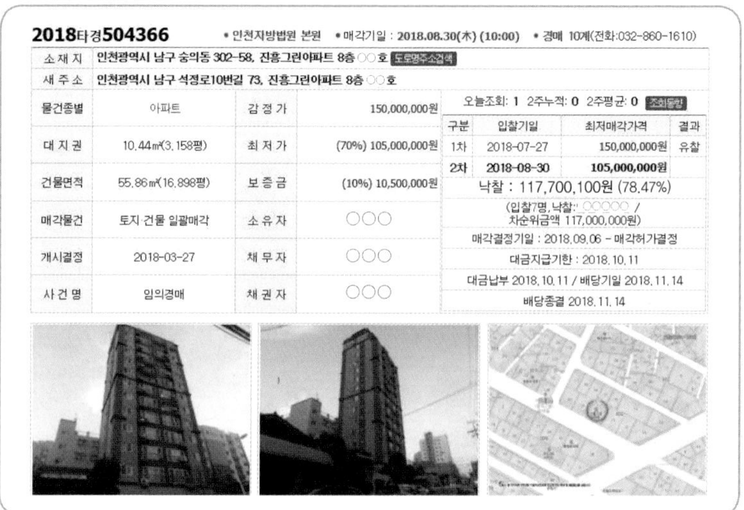

2018타경504366 • 인천지방법원 본원 • 매각기일 : 2018.08.30(木) (10:00) • 경매 10계(전화:032-860-1610)

소 재 지	인천광역시 남구 숭의동 302-58, 진흥그린아파트 8층 ○○호 도로명주소검색
새 주 소	인천광역시 남구 석정로10번길 73, 진흥그린아파트 8층 ○○호

물건종별	아파트	감 정 가	150,000,000원
대 지 권	10.44㎡(3.158평)	최 저 가	(70%) 105,000,000원
건물면적	55.86㎡(16.898평)	보 증 금	(10%) 10,500,000원
매각물건	토지·건물 일괄매각	소 유 자	○○○
개시결정	2018-03-27	채 무 자	○○○
사 건 명	임의경매	채 권 자	○○○

오늘조회: 1 2주누적: 0 2주평균: 0

구분	입찰기일	최저매각가격	결과
1차	2018-07-27	150,000,000원	유찰
2차	**2018-08-30**	**105,000,000원**	

낙찰 : 117,700,100원 (78.47%)

(입찰7명, 낙찰: ○○○○○ / 차순위금액 117,000,000원)

매각결정기일 : 2018.09.06 - 매각허가결정

대금지급기한 : 2018.10.11

대금납부 2018.10.11 / 배당기일 2018.11.14

배당종결 2018.11.14

출처: 굿옥션

개인의 경우 MCI를 가입하면 방 공제 없이 대출을 받을 수 있다. MCI는 'Morgage Credit Insurace'의 약자로 담보대출 신용보험이다. 대출금액을 책정할 때 LTV 한도금액에서 소액 최우선변제금을 공제한 후 최종 대출금액이 정해지는데 MCI라는 보험에 가입하면서 소액 최우선변제금을 공제하지 않고 대출을 진행하는 것이다.

빌라(다세대)의 경우 아예 KB부동산 시세가 없다. 일반적으로 감정평가 금액도 시세보다 높은 경우가 많기 때문에 일반 매매를 하는 것보다 경매로 취득하는 쪽이 대출에 유리하다.

새벽하늘의 실전 투자 사례

처음부터 투자를 잘 하는 사람은 없다. 나 또한 마찬가지였다. 다음 사례를 보면 알겠지만 투자 초기에는 사는 타이밍은 물론 파는 타이밍 또한 엉망이었다. 이는 부동산 시장의 흐름을 몰랐기 때문이다. 그럼에도 다행히 손해를 보지 않고 오히려 수익을 볼 수 있었던 이유는 부동산 경매를 통해 살 때부터 싸게 샀기 때문이다.

이렇게 시장 흐름을 모르는 상태에서 투자를 하다 보면 당연히 손해를 볼 가능성이 높지만 때로는 운이 좋아 괜찮은 수익을 거둘 때도 있다. 중요한 건 왜 잘한 투자인지, 왜 잘못한 투자인지 그 이유를 반드시 알아야 한다는 것이다. 손해를 봤다 해도 이유를 파악했다면 다음부터는 더 좋은 투자를 할 수 있고, 운 좋게 수익을 봤다 해도 왜 수익이 발생했는지 이유를 알지 못한다면 그다음에 오히려 더 큰 손해를 볼 수 있기 때문이다.

이러한 이유로 나 또한 과거의 투자 사례를 전부 철저히 복기하고 있다. 그중 투자 초기 물건을 살펴보면 정말이지 가관이 아닐 수 없다.

다음은 처음으로 부동산 경매를 통해 매입했던 아파트이다. 첫 번째 그래프는 해당 아파트의 매매가격 추이를, 두 번째 그래프는 경기도와 해당 지역시의 매매가격지수를 나타낸다. 낙찰 시점은 정말 환상적이었다. 낙찰 받은 후 약간의 하락이 있었지만 가격이 엄청나게 떨어진 시점에 낙찰 받았고 이후 폭등했다.

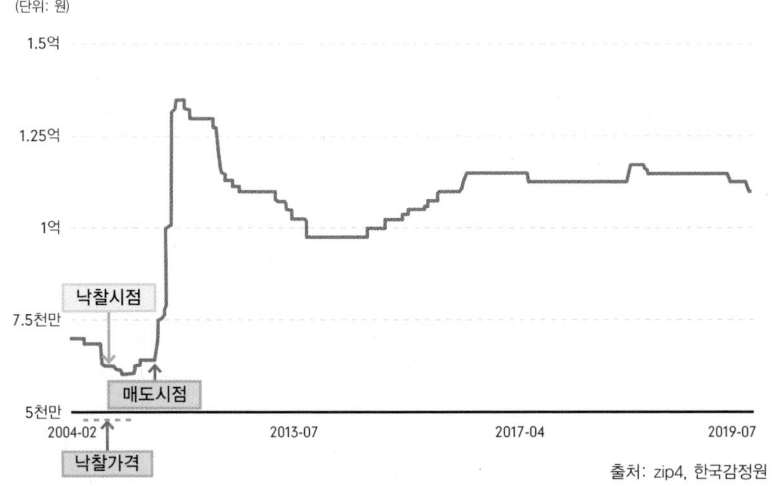

● 경기도 아파트 매매가격지수 추이 ●

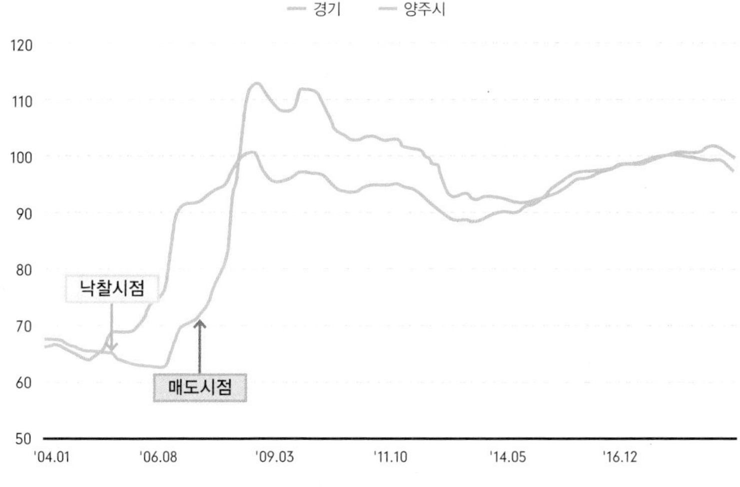

출처: zip4, 한국감정원

당시의 나는 부동산 시장 흐름에 대해서 아무것도 알지 못했지만 이같은 황금 타이밍에 아파트를 매입할 수 있었다. 더 재미있는 것은 매도 시점으로 아파트를 판 시기 또한 정말 환상적(?)이었다. 앞서 언급했듯 이 아파트를 팔고 난 얼마 후 가격이 두 배 이상으로 폭등한 것이다.

왜 이런 사태가 발생했을까? 아파트를 낙찰 받아 잔금을 납부하고 얼마 후 매도를 하기 위해 부동산 공인중개업소에 시세대로 매물을 내놓았다. 하지만 그래프에 나타나듯 양주시의 아파트 시장 분위기는 암울했고 이 아파트는 양주시 중에서도 외곽에 위치한, 입지가 좋지 않은 곳이었기 때문에 팔릴 리가 없었다. 매물을 내놓은 지 1년이 지났지만 사겠다는 사람이 나타나지 않았다. 과연 심정이 어땠을까? 얼마나 조급했을지 이는 경험해본 사람만이 알 것이다.

그러던 어느 날 공인중개업소에서 집을 사겠다는 사람이 나타났다고 연락이 왔다. 그것도 내놓은 가격에서 한푼도 깎지 않고 사겠다고 말이다. 이 상황에서 매도자의 심리는 어땠을까? 1년 넘게 팔리지 않던 물건의 임자가 나타났다면 말이다. 앞뒤 볼 거 없이 무조건 공인중개업소로 달려가게 된다. 행여나 매수자 마음이 바뀔까봐 말이다.

하지만 바로 이때가 상승의 시작인 것이다. 그래프에서 나타나듯 절대로 팔면 안 되는 시기였다. 이를 어떻게 확인할 수 있는지는 1부와 2부에서 설명했다. 우선 단순히 소비자물가지수를 나타내는 가상의 우상향 직선만 그려봐도 이 아파트는 이제 오를 일만 남았다는 것을 알 수 있고 상승 패턴을 살펴봐도 마찬가지다.

또한 그래프를 보면 양주시의 아파트 가격은 경기도 평균보다 뒤늦게 움직인다는 것을 알 수 있다. 같은 시 안에서도 입지가 좋지 않은 지역은 입지가 좋은 지역보다 더 늦게 움직인다. 그래서 양주시는 이미 상승을 시작했지만 입지가 좋지 않았던 이 아파트는 별다른 움직임이 없었고 그렇다면 곧 상승할 가능성이 매우 높은 상황이었던 것이다. 즉, 이런 패턴을 알고 있고 양주시의 흐름을 체크했다면 아파트 가격이 얼마 후 상승할 것임을 충분히 예측할 수 있었다.

● 경기도 양주 TS푸른솔1차(전용 84㎡) 매매가 추이 ●

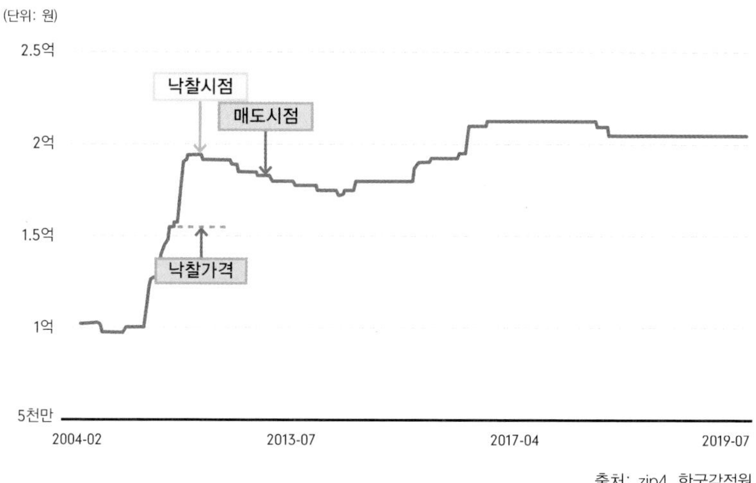

출처: zip4, 한국감정원

두 번째 투자 사례는 더 심각했다. 매수 타이밍이 그야말로 판타스틱(?)했는데, 해당 아파트 가격이 폭등한 후 최고가 시점에서 낙찰 받았다. 1억 원 하던 아파트가 단기간에 2억 원 가까이 올랐는데 거기서 더 오를 것이란 어리석은 기대감을 가졌던 것이다. 역시나 결과는 참담했다. 낙찰 이후 매매가격은 계속해서 떨어지기 시작했다. 그리고 2년이 지나 이 아파트를 매도할 시점에는 이미 몇 천만 원이 하락해 있었다.

만약 부동산 경매를 통해 싸게 낙찰 받지 않고 시세대로 매입을 했

● 경기도 아파트 매매가격지수 추이 ●

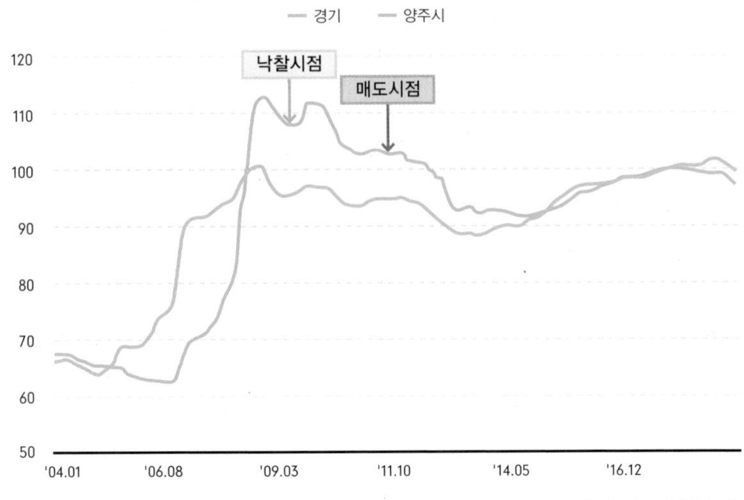

출처: zip4, 한국감정원

다면 시세가 하락한 몇 천만 원은 물론 등기비, 중개보수비, 재산세 등의 손해를 고스란히 볼 수밖에 없었던 투자 사례였다. 하지만 돌이켜보면 이 또한 충분히 예측이 가능한 상황이었다.

전 사례와 마찬가지로 소비자물가지수 우상향 직선을 그렸을 때 아찔할 만큼 크게 상승한 상태였고, 상승 패턴으로 봤을 때도 양주시는 경기도보다 상승 타이밍이 2년 가까이 늦었지만 그 상승폭은 훨씬 더 컸음을 알 수 있다. 그리고 낙찰 받은 시점은 경기도는 물론 양주시 또한 정점을 찍고 이미 하락장으로 진입해서 한창 하락세가 진행되고 있을 때였다.

이처럼 나 또한 투자 초반에는 어처구니없는 짓(?)들을 많이 했다. 하지만 이런 과정들을 복기하면서 부동산 시장의 흐름을 볼 수 있는 시야가 넓어졌고, 2008년부터 기세가 꺾인 수도권 시장의 침울한 분위기로 인해 부동산 경매, 그중에서 특수물건을 통해 수익을 내는 능력을 발현할 수 있었다.

부동산 시장의 흐름과 부동산 경매라는 두 가지 무기만 있어도(굳이 특수물건이 아니어도 좋다) 이 책에서 수차례 강조했던 '쌀 때 더 싸게 사는 것'이 충분히 가능하다. 나 또한 이렇게 진화된 방식으로 부동산 투자를 지속하고 있으며 지금 이순간도 상승 중인 수십 채의 부동산을 보유하고 있다.

그렇다면 나의 투자 패턴은 어떻게 바뀌어왔을까? 너무 오래되지 않은 몇 가지 사례만 살펴보자. 가장 최근의 투자 사례들은 예상했던 그림대로 실현되기까지 시간이 좀 필요할 것이므로 생략한다.

2016년 후반, 서울 중랑구에 위치한 아파트를 낙찰 받았다. 2014년부터 시작된 수도권 상승장의 진원지는 서울의 강남이 아닌 경기도였다. 전세가율이 턱밑까지 차오른 지역 위주로 매매가격 상승이 시작되었으며 서울도 전세가율이 높은 외곽 지역부터 시세가 움직이기 시작했다. 2016년은 이러한 상승 분위기가 서울을 중심으로 서서히 모여들면서 서울 전역이 본격적으로 상승 중이던 시기였다.

그중 중랑구는 사실 서울 취급을 받지 못했던 지역으로 역세권 소

● 중랑구 A아파트(전용 59㎡) 매매가 추이 ●

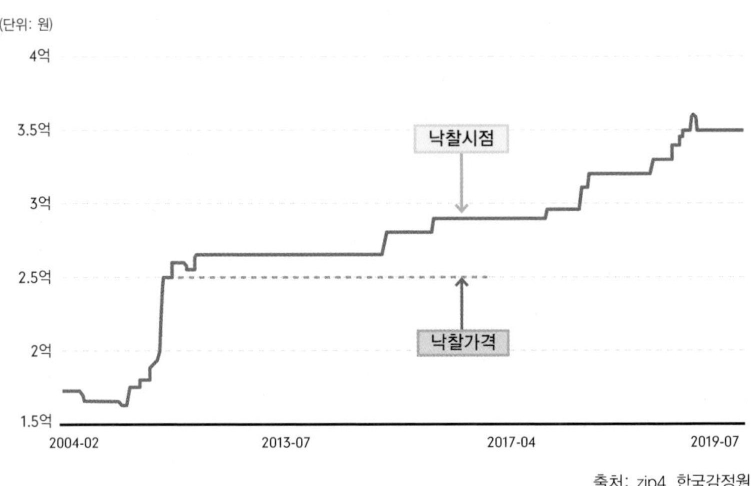

출처: zip4, 한국감정원

형평수 정도만 약간의 움직임이 있을 뿐이었다. 하지만 1부와 2부에서 설명했던 내용들을 근거로 분명 서울은 최소 몇 년 동안은 지속적인 상승세를 이어갈 것이라는 확신이 들었다. 그런 가운데 중랑구 역세권의 소형 아파트가 공매로 진행 중이였고 당시의 매매시세는 2억 8,000만 원, 낙찰 받은 금액은 2억 5,300만 원이었다.

다음 그래프를 보면 낙찰 시점을 기준으로 서울은 이미 매매가격이 많이 상승했지만 중랑구의 상승폭은 미미했다. 더 놀라운 사실은 이 아파트의 전세시세로 그 금액은 무려 2억 6,000만 원이었다. 2억 5,300만 원에 낙찰 받았으니 전세시세보다 더 싸게 매입한 것이다.

● 서울 아파트 매매가격지수 추이 ●

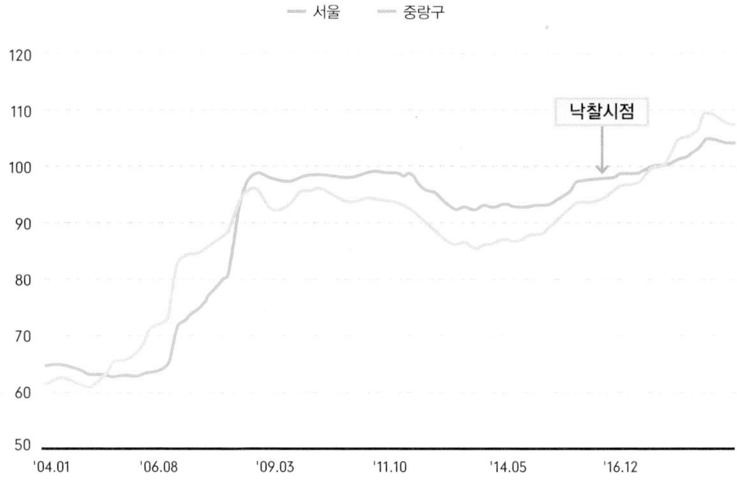

출처: zip4, 한국감정원

그리고 시세대로 2억 6,000만 원에 전세를 놓을 수 있었다.

얼마 전 보증금을 1,000만 원 더 올려서 전세금은 2억 7,000만 원이 되었으며 최근 저층이 매매가 3억 7,000만 원에 실거래되었다. 다시 서울이 반등함에 따라 추가적인 상승도 기대할 수 있는 상황이다. 현시점 기준 세전 수익이 1억 2,000만 원에 조금 미치지 못하지만 투자금이 제로였기 때문에 수익률은 산출이 불가능하다.

다음은 서울 구로구의 B아파트이다. 이 아파트의 최저점은 2013년

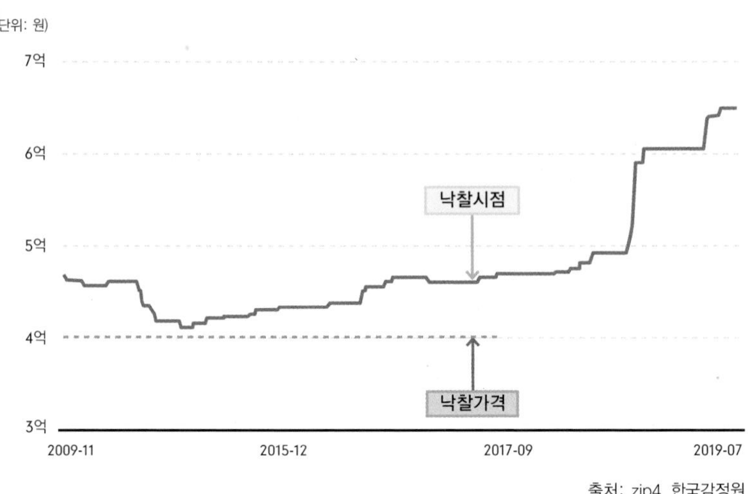

이었고 당시 시세는 4억 1,000만 원이었다. 다음 그래프를 보면 구로구는 서울 평균과 비슷하게 움직인다는 것을 알 수 있다. 하지만 이 아파트는 역세권이라 하기엔 조금 애매한, 전철역까지 도보 15분 상당 거리에 입지해 있어 구로구 평균보다 움직이는 타이밍이 늦을 것이라고 판단했다.

역시나 입찰 시점이었던 2017년, 서울과 구로구는 한창 상승하고 있었지만 이 아파트의 상승폭은 그리 크지 않았다. 고작 2,000만 원 정도 오른 4억 6,000만 원 정도의 시세를 유지하고 있었다. 가장 쌀

● 서울 아파트 매매가격지수 추이 ●

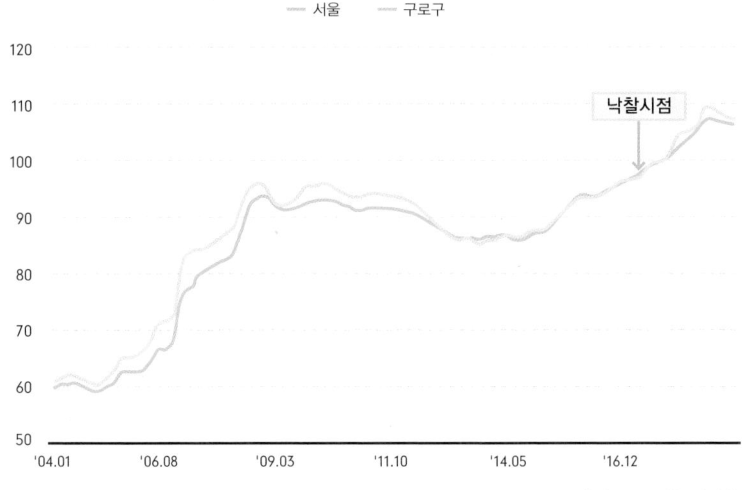

출처: zip4, 한국감정원

때를 기준으로 해도 5,000만 원 정도 올랐을 뿐이어서 여전히 가격 위치가 낮은 상황이었고 흐름으로 봤을 때도 향후 상승할 가능성이 매우 높다고 판단되었다. 이렇게 입찰을 결정하고 경매를 통해 낙찰 받은 가격은 역대 최저점보다도 낮은 4억 원 남짓이었다.

이와 같은 투자는 절대로 실패할 가능성이 없다. 만에 하나 외환위기나 금융위기 등의 경제적 충격이 온다 해도 서울이 과거 최저점까지 하락하는 경우는 거의 없기 때문이다. 왜 그럴 수밖에 없는지는 꾸준한 수요와 함께 본문에서 설명한 인플레이션에 해답이 있다. 게다가 이 물건 또한 낙찰 받은 가격보다 더 높은 금액으로 전세를 놓을 수 있었다. 이후 예상대로 일정 시점에서 큰 폭으로 상승했고 현재의 시세는 6억 원을 상회한다.

마지막으로 서울 관악구에 위치한 C아파트의 투자사례를 살펴보자. 관악구는 서울 평균보다 늦게 움직이는 지역이다.

주거환경은 열악하지만 2호선 역세권의 경우 강남과의 접근성이 매우 좋은 입지이기 때문에 강남이 움직이면 그 분위기가 2호선을 타고 넘어오는 특성이 있다.

● 관악구 C아파트(전용 84㎡) 매매가 추이 ●

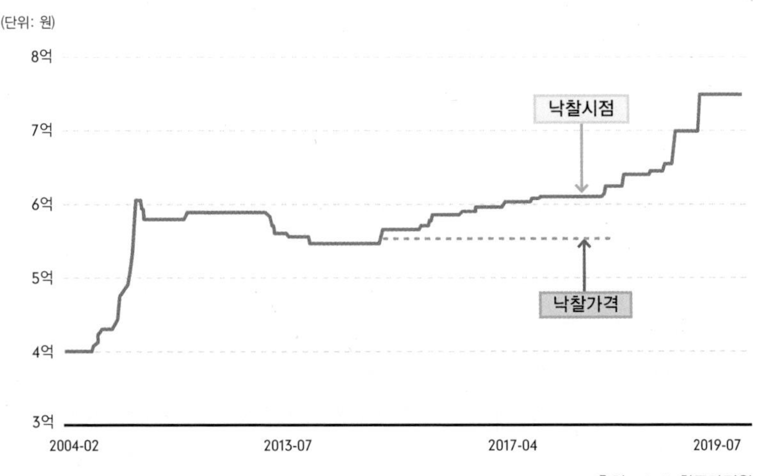

출처: zip4, 한국감정원

● 서울 아파트 매매가격지수 추이 ●

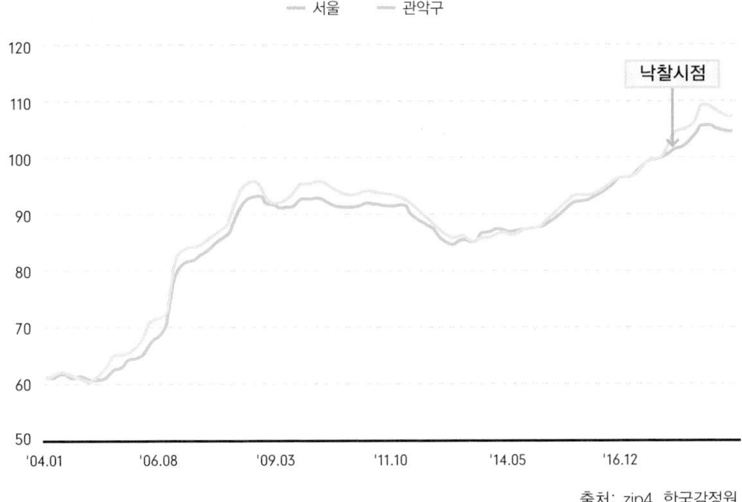

위 그래프를 보면 이 물건을 낙찰 받은 시점을 기준으로 서울은 이미 폭등했지만 관악구는 상대적으로 상승폭이 작은 상황이었다. 즉, 일시적인 황금 타이밍이었던 것이다. 때마침 관악구에 진행 중인 공매 지분 물건이 있었고 낙찰 후 나머지 지분을 매입하는 방법으로 시세보다 5,000만 원 정도 싸게 매입할 수 있었다.

이 아파트의 가격은 2015년, 5억 5,000만 원으로 최저점이었다. 그러다 조금씩 반등하면서 2018년 초 6억 1,000만 원 정도의 시세를 유지하고 있었다. 최저점 대비 5,000~6,000만 원 정도 오른 상황이었지만 흐름상으론 아직 쌀 때였다. 그런 가운데 역대급으로 가격이 저렴했던 수준과 비슷하게 매입했기 때문에 마찬가지로 투자에 실패할 가능성은 없었다.

그리고 다행히 예상했던 대로 얼마 후 급격한 상승이 시작되었고 현재의 시세는 8억 원 정도이다. 강남의 부동산 시장이 다시 활발히 움직이고 있으니 그 분위기가 또 다시 2호선을 타고 이동할 가능성도 충분히 있을 것으로 보인다.

부동산 투자, 아직 기회가 남아 있다

이처럼 시장의 흐름을 파악해서 쌀 때 부동산 경매를 통해 더 싸게 사면 언제나 이기는 투자를 할 수 있다. 이는 투자뿐만 아니라 내 집 마련을 함에 있어서도 매우 유용한 방법이다. 소개한 투자 사례들이 공교롭게도 전부 서울 지역이지만 꼭 서울에 국한될 필요는 없다. 2019년 8월 현시점에서는 오히려 경기도를 주목할 필요가 있다. 왜냐하면 아직 '쌀 때'이기 때문이다.

이 책을 집필하는 데 총 1년이 넘는 시간이 소요되었다. 각종 데이터를 수집하여 그 수치들을 그래프로 만들고, 결과물을 들여다보며 고민하고, 시장 상황에 적합한 경매사례를 찾는 데 많은 시간이 걸렸다. 탈고 시점에는 이 모든 데이터들을 다시 최신화하는 작업을 해야 했다. 여러 날에 걸쳐 새벽하늘을 보면서 말이다. 이렇게까지 한 이유는 부끄럽지 않은 책을 만들고 싶어서였다. 서두에서 이야기했듯 이 책이 내 집 마련을 함에 있어, 그리고 경제적 자유를 위해 한발짝 나아감에 있어 도움이 되었으면 하는 간절한 마음으로 글을 마친다.

부동산 경매로 인생을 샀다

1판 1쇄 발행 2019년 8월 27일
1판 2쇄 발행 2019년 9월 30일

지은이 김태훈(새벽하늘)

발행인 양원석
본부장 김순미
편집장 최두은
책임편집 차지혜
디자인 RHK 디자인팀 박진영, 김미선
해외저작권 최푸름
제작 문태일, 안성현
영업마케팅 최창규, 김용환, 윤우성, 양정길, 이은혜, 신우섭
유가형, 김유정, 임도진, 정문희, 신예은, 유수정

펴낸 곳 ㈜알에이치코리아
주소 서울시 금천구 가산디지털2로 53, 20층(가산동, 한라시그마밸리)
편집문의 02-6443-8862 **구입문의** 02-6443-8838
홈페이지 http://rhk.co.kr
등록 2004년 1월 15일 제2-3726호

ISBN 978-89-255-6765-5 (03320)